カウンセラーが語る

モラルハラスメント

人生を自分の手に取りもどすためにできること

谷本恵美

晶文社

装丁・カバーイラスト　柳本あかね

目次

はじめに

あなたの妊娠中、夫はあなたに「お前はどんくさい。生まれてくる子どももどんくさかったらどうする?」と平気で問いかけたり、「親があんなだから、お前みたいな大人になったんだなあ。子どももそうなると困るなあ」と言ったりしました。悪気のない口調で言うので、あなたは真剣に言い返せません。あなたが不快な表情をしても、相手はお構いなしです。

あなたが、自分が傷ついたことを夫に伝えたとします。普通なら、「ああ、ごめん。悪かったよ」と多少なりとも謝ることでしょう。

しかし、夫は「冗談で言ったのに、そんなことをいちいち気にするなんて、お前はおかしい」と、間違っているのは自分ではなく、あなたの方だと言います。あなたの受け取り方や言葉に自分(夫)は傷ついたと、自分の方こそ傷つけられた存在であると主張してきます。あなたが傷ついたということは、一切認めません。

あなたは、たわいもないことにいちいち傷つく自分を恥じ、夫を傷つけてしまったのだろうかと、夫に対して申し訳なさを覚えます。

あなたは、これを暴力だとは思っていません。しかし、これは暴力=モラルハラスメント関係の始まりなのです。

夫があなたをからかうのは、それが彼にとって楽しく快感を覚えるからです。あなたが傷つこうが、彼には関係ありません。それどころか、傷ついたと言って楽しみを奪うあなたが許せないのです。からかうという行為以上に問題なのは、自分の楽しみを奪うあなたを許せないと考えている点です。それはまるで自分のためにあなたがそこにいると思っているかのようです。

あなたはあなたで、夫に傷つけられても、それを伝えることをためらうようになります。夫が怒っている様子を見て、自分が悪いような気さえしてきます。

日々の生活の中で、操作的で支配的なやり取りが繰り返され、あなたと夫の間には、心理的な支配関係が生まれていくことになります。

あなたは「暴力ではない、暴力など受けていない。私の考えすぎだ」と自分に言い聞かせます。夫から受けた言動によって傷ついたことを一生懸命忘れようとさえします。記憶にとどめておくと自分自身が壊れてしまうことを本能的に知っていて、自分の心を守るためにしているのですが、どれだけ無視し、忘れようとしても、心は確実に傷を負っています。そして、その傷は積み重なっていく。

さまざまな心身反応も現れてきます。その傷つきやしんどさ、心身反応を、自分が受けてきた

「暴力＝モラルハラスメント」と結びつけないまま、あなたは、自分が弱いから、自分が愚かだから、と自分を責め続けてきました。

そして、日々の生活の中で違和感やつらさを抱えてきたあなたは、モラハラ（モラルハラスメント）という言葉に出合い、「私のつらさは、モラハラという暴力を受けているからなのではないか」と、ぼんやりと気づきます。しかしあなたは、自分がパートナーである相手から受けているその奇妙で不思議な現象（目に見えない暴力）を、うまく言葉で言い表せないもどかしさを抱えています。それは、このモラハラという暴力が非常に巧妙で、一つひとつを取ってみれば、暴力に見えない姿をしているからです。

また、自分は「モラルハラスメント」を受けてきたのではないのかと思えたとしても、たいていの人は、過去に一度や二度、誰かに対してつい八つ当たりをしたり、興奮して大声を出したり、といった単発的な攻撃を、受けたり、行ったりしたことがあるため、その経験と重ね合わせてしまいます。誰にでもよくあること、自分にも身に覚えのあるそうしたことを、暴力・DVと言っていいものだろうか。殴られてもいない、蹴られてもいないのに、多くのモラハラ本に書かれているように、加害者―被害者と呼んで、DV・モラハラというラベリングをしてもいいのだろうかと迷うのです。

はずみでしてしまった攻撃とモラハラは違います。モラハラは、その関係性において、密かに、陰湿に繰り返されます。争いの影すら見せないこともあります。

モラハラという言葉に出合って、私のカウンセリングルームを訪ねてくるクライアントの多くは、「自分はモラハラの被害者なのでしょうか」と認定を求めてきます。そして、モラハラとはいったいどういうものなのか、説明を求めます。どうしても自信を持てない被害者たちは〝専門家の判断〟を求めるのです。

そして、「どうして彼はモラハラをするのか」「彼は治らないのか」と、身をのり出して尋ねます。

この本を手に取ったあなたも、同じなのではないでしょうか。


モラハラとは、本書でも説明するように、加害行為をする人の側の問題です。しかし、どれだけその行動パターン、構造が似ていようと、それをするに至った原因と背景は十人十色です。一概に、こういう育ち方をしたから、こういうことが原因で、と言うことはできません。

それに、その人がなぜモラハラをするのか、どんな原因があってそういう行為に至るのかは極端な話、被害者がモラハラ被害の傷から回復していくためにはどうでもいいことだと言ってよいでしょう。

モラハラという言葉に出合い、それが暴力であったと知った被害者であるあなたは、自分を苦しめてきたその暴力の加害者の問題の探求に夢中になりがちです。加害者である相手の問題にかまけすぎると、あなたは自分自身の問題を見失ってしまいます。自分が被害者であると気づいたあなたに一番大切なことは、「自分の相手はモラハラなのかどうか。相手はなぜモラハラをするのか」ということよりも、あなた自身が自分の人生や価値観を取り戻し、自分らしく生きることです。相手の問題に集中しすぎると、それができなくなってしまいます。とはいえ、被害者として傷ついたあなたが自分を取り戻していくには、それなりの過程が必要です。矛盾しているようですが、その過程において、相手の心理状態、つまり、相手はどうしてそんな行為に至るのかを明らかにする必要が出てきます。あなたが原因ではないということ、そしてモラハラは、単なる八つ当たりや、誰でもがしでかしてしまう単発的感情の爆発ではないこと、普通の人がする行為ではないことを知る必要があるからです。

あなたは相手、すなわちモラハラをする人の心理や問題を一般論的に知ることによって、さまざまな気づきを得ることになります。そしてその気づきによって、何よりも自分自身の明日を見つめていけばいいのだと思えるようになります。とはいえ、その気づきの過程は危うさをも持っており、心の揺れを連れてくる時期でもあるのです。

この本が、モラハラをする人の心理や問題、そして被害者が「被害者心理」から脱却していく過程での問題に対して、自分らしい人生に向かっていくための気づきの一助になればと願っています。

❶ モラルハラスメントを知る

モラルハラスメントという暴力

日本では、1999年6月に「男女共同参画社会基本法」が成立。その2年後の2001年10月、ドメスティックバイオレンス（Domestic Violence：家庭内暴力。以下、DVとする）に関して、「配偶者からの暴力の防止及び被害者の保護に関する法律」（DV防止法）の一部が施行され、翌年の2002年4月に同法律が完全施行されています。夫婦間であっても暴力は犯罪であると、法的に認められたことになります。

DV防止法では、「配偶者からの暴力」とは、配偶者からの身体に対する暴力、またはこれに準ずる心身に有害な影響を及ぼす言動と規定されています。

こうした暴力には、次のようなカテゴリーが含まれます。

①**身体的暴力**（小突く、殴る、蹴る、殴るふりをする、包丁を突きつける、ものを投げつける、髪を引っ張り引きずりまわすなど）

②**精神的暴力**（脅す、侮辱する、誹謗中傷する、無視するなど、自尊感情を傷つける）
③**経済的暴力**（生活費を入れない、あるいは制限する、経済的自由を奪うなど）
④**社会的暴力**（行動や交友の監視・制限、外で働くことを妨害するなど）
⑤**性的暴力**（性交渉の強要、暴力的性交渉、避妊に非協力、堕胎の強要、見たくないのにポルノビデオを見せるなど）

これまで、暴力のカテゴリーは身体的暴力、精神的暴力、性的暴力と、大きく3つに分けられていました（『配偶者からの暴力――相談の手引き』内閣府男女共同参画局編集発行、平成17年版参考）。現在では、経済的暴力、社会的暴力という新しい項目を追加し、先の3つのカテゴリーの中から当てはまる状況を抽出し、被害者に、自分の置かれている状況をより理解しやすいように説明するのが支援者間では一般的になっています。

しかし、少なくない人々が、「身体的に暴力をふるわれること」がDVであるかのように捉えており、一昔前までは、専門機関ですらそのような認識を持っていました。

私のところへカウンセリングを受けに来る人にも、「別に虐待を受けているわけではないのですが……」と前置きして、家庭生活の内容を語り始めると、それはまさに虐待状況（モラハラ状況）を語っているというケースが多くありました。精神的暴力は、被害者が暴力を受けていることに気づかないままに、心がズタズタになっていく怖さを持っています。

見える傷や青あざがあるわけではない、密室（ふたりの間）で行われる暴力。しかも、加害者は外面がよく、「まさか、あの人が」と言われるような人であるため、それらが暴力として認識されることは困難でした。

1999年に、フランスの女性精神科医マリー＝フランス・イルゴイエンヌの著書『モラル・ハラスメント――人を傷つけずにはいられない』（高野優訳、紀伊國屋書店）が日本で翻訳発行され、ベストセラーとなったことで、「見えない暴力」があることを世間に知らしめるきっかけとなりました。

「精神的暴力」「精神的DV」と呼ばれてきた見えない暴力を指す言葉として、ようやくモラハラの認知度も高まってきました。

モラルハラスメントという言葉が広まることで、「個人としての自由・思想・生き方」を否定し、個人を個人として認めないのは、人格に対する暴力であり、人間の生きていくための根源を攻撃する暴力であることが理解されるようになってきました。

それでもまだ、身体的暴力を伴わない、じわじわと相手を責め続けるモラハラは、目に見えないという特徴ゆえに、暴力・虐待を受けている被害者自身にも、心がボロボロになるまで暴力の被害者であることを気づかせません。そういう暴力があるのだ、その暴力は、見える傷はないけれど、心に深い傷を残すのだ、と知ることによって、被害者は自分の心の傷にもじんわりと気づくことができるようになっていきます。

低温やけどを思い浮かべてみてください。ジュッと熱源に触れた瞬間に損傷を負い、「やけどした！」と自覚する通常のやけどとは違い、本人の気づかないうちにじわじわと長時間、微妙な熱が加えられ、気づかないうちに深部に深い損傷を負わせるのが低温やけどです。外見では軽傷に見えても、実はかなり重症であることも多い低温やけど。それと同様に、モラハラも長期間、じわじわと心を深く蝕《むしば》んでいくのです。

精神科医のイルゴイエンヌは前述の著書『モラル・ハラスメント』において、「たしかにモラル・ハラスメント的な行為をすることは誰にでもある。だが、そういった行為は一定の期間に何度も繰り返されたりしなければ、他人の心を破壊するまでには至らない」と述べています。「繰り返す」ことが、後に述べる、加害者側の心の事情を表しています。また、イルゴイエンヌ氏は、精神的DV（モラハラ）は、「人を人と思わず、嘘をついたり、相手を操ろうとしたりすることから始まり、それが始まった段階で止めてしまわなければ、それは次第に悪辣《あくらつ》なものになっていき、被害者の心の健康に重大な影響を及ぼす」とも書いています。

「人を人と思わない」「相手を操ろうとする」、これこそ、突発的な八つ当たりや、言葉遣いの荒い人との違いを表していると言えるでしょう。モラハラという行為が継続的に繰り返される家庭内においては、常に緊張と不安が作りだされ、被害者を精神的に、常に断崖絶壁にいるような感覚に追いつめ、心をズタズタにしていきます。被害者だけでなく、そうした緊張と不安に満ちた家庭で過ごす他の家族（特に子どもたち）への影響も非常に大きいと言えます。

DVという言葉もまだ、社会に浸透していなかった時代がありました。それほど昔ではありません。さまざまな専門家や支援者、そして当事者が、それぞれの立場で、啓蒙活動・救援活動を通して、DVの認識を広める努力・活動をした結果、DVが広く認識され、前述したようにDV法が制定されました。

しかし、それによって、さらに見つけにくい殴らない暴力＝モラルハラスメントが増えたという指摘もあります。殴ってしまうと夫婦であっても逮捕されるとなれば、少し頭が回れば、当然身体的暴力をやめます。しかしDVをする人は、誰かを攻撃しなければ自分自身の心を安定させることができないため、暴力の方法を変えていくことになります。それが、見えない暴力＝モラルハラスメントです。

❷ モラハラストーリー

ピーター・パンはモラオ？

モラハラに気づいた人たちはたいてい、なぜ結婚する前に気づかなかったのだろう、私に人を見る目がなかったのだ、と自分を責めます。

不思議なことに、モラハラ加害者は、被害者となる相手（ターゲット）との関係（交際や結婚）が成立するまでは、非常に魅力的に見えます。モラハラの葛藤処理方法が幼い子どもに似ており、モラハラをし始める前は、そうした子どものような一面が魅力的に映ったりもします。

モラオ（モラハラ加害者男性の通称）との交際や結婚、そして別れを、私はイギリスの作家ジェームス・マシュー・バリーの作品『ピーター・パン』にたとえて話すことが多いのですが、ここでもそれを紹介しましょう。

ピーター・パンは、ウェンディたちの眠る子ども部屋にやってきて、妖精の粉を振りかけると空を飛べるのだ、ネバーランドは楽しいところだ、と興味と好奇心をそそるような魅力を見せつけて、

「ネバーランドへ行こうよ！」と誘います。ピーター・パンも魅力的な男の子です。彼と一緒に行くと、何か楽しいことが待っていそうな気にさせます。

ウェンディはピーター・パンと共に、ピーター・パンの世界であるネバーランドへ行くことにします。

ネバーランドはピーター・パンの世界です。

「ネバーランドのお母さんになってよ！」。ピーター・パンはウェンディに役割を与えて、自分の世界の住人にします。

当然、ネバーランドでは、空を飛び回ったり、フック船長と闘ったりと、ピーター・パンは自由気ままに過ごします。そこはピーター・パンの世界ですから、彼は自由にふるまっていいのです。

ティンカー・ベルのような妖精たちがいたり、人魚がいたり。ウェンディたちの世界とはまったく異なる世界が繰り広げられていて、とまどいつつも、初めて知る世界で、ピーター・パンやネバーランドの子どもたちのお母さんとして暮らすウェンディ。

ピーター・パンは気ままです。いつもなんでも勝手に決めてしまいます。自分がプレゼントしようとした鳥の卵を、お母さん鳥がかわいそうなので返そうとウェンディが言えば、怒ってプイッとひとりでどこかへ消えてしまいます。

誕生日のなかった（知らなかった）子どもたちの誕生日を今日にしようと決め、子どもたちの誕生日のケーキを作って！と頼んだのもピーター・パン。ケーキをいきなりたくさん作らなければならなくなったウェンディ。大変だけど、お母さんとしてがんばって作ります。そんななか、ケーキに添える木の実採りをピーター・パンに頼んだのに、またもや彼は冒険に夢中で、すっかり忘れてしまいます。

ピーター・パンはウェンディをがっかりさせるようなことをたくさんします。もちろん楽しいエピソードもたくさんある。それでも、ここは自分の世界ではないなあと感じ始めるウェンディ。

そこはピーター・パンのための世界です。決してウェンディの世界ではありません。自分には自分の世界があったはず。ウェンディはそのことに気づき始めるのです。

そしてウェンディは、自分の世界に帰ることにするのでした。ピーター・パンの世界ネバーランドを後にして、本当の自分の世界に帰っていくウェンディ。

ときおり窓を開けて、ネバーランドを懐かしく思い出しつつも、ウェンディは自分の世界で自分の人生を歩いていく。

そして20年後、ピーター・パンがウェンディの子ども部屋を訪れた時、子ども部屋のベッドにはウェンディの子どもが眠っていて、ウェンディはすっかり大人になっていました。もちろん、大人になりたくない、ならなくていい世界の住人のピーター・パンは相変わらず、少年のまま。

ピーター・パン物語のファンや作者のバリーにとっては、モラハラをピーター・パン物語にたとえるなんて、とても失礼なことかも知れません。しかし、モラハラの離婚問題について面談をしている時、いつもピーター・パン物語が私の頭の中に浮かんでくるのです。

とても楽しそうに思えて結婚したけれど、そこは私が生きていく世界ではなかった。自分の世界に帰ろうと、離別を決意する被害者のそのさまは、ピーター・パン物語のウェンディそのものです。ウェンディのように、ここは私の世界ではないと出ていく自由を被害者は持っている。また逆に、ネバーランドというピーター・パンの世界のウェンディになると決めて、そこで生き続ける自由も被害者は持っているのです。

ピーター・パンもまた、ウェンディと共にネバーランドを出て大人になる自由を、実は持っています。

スティーヴン・スピルバーグ監督の映画『フック』では、ネバーランドを出て大人になったピーター・パンを、中年のロビン・ウィリアムズが演じていました。

しかし、ピーター・パン物語のピーター・パンはネバーランドを出ようとはしません。それと同じように、モラハラ加害者も、自分にとって心地よい世界を捨てたりはしないのです。

加害者は、被害者と出会った時、ピーター・パンが妖精の粉を振りかけて自分の世界にウェンディを招き入れたように、自分を魅力的に見せて、被害者を加害者の世界に引きこみます。誰だって、妖精の粉を振りかけて空を飛べたらワクワクします。それと同じように、すてきな人だなあと思って、その時見せられた「彼」に惹かれて結婚を決意するのは、悪いことではありませんし、見る目がなかったというわけではありません。

しかし、ついていった世界は、ネバーランド。普通の世界ではなく、モラハラ加害者の世界なのです。今日は子どもたちの誕生日だ！今日は何々する日だ！と、ピーター・パンがネバーランドの決まりごと、するべきことを決めている、ピーター・パンを中心に回る世界。それと同じように、加害者の世界では、加害者が何もかもを決める、加害者のイメージ通りに運ぶべき世界、加害者中心に回る世界なのです。決して被害者の世界ではありません。

被害者は、ウェンディが「ネバーランドのお母さんになって」とピーター・パンに決められた役割を懸命に努めようとがんばったように、加害者が決めた役割を、加害者の世界でひたすらがんばり続けてきたのです。

そして、ウェンディがどれだけ困っていても、ピーター・パンはフック船長と闘ったり、冒険に出てしまったりと気ままに過ごすのと同じように、加害者は、被害者が結婚生活にとまどっていても、困っていても、迷っていてもお構いなしに、自分の時間や価値観、生き方を尊重し続け、自分のイメージを押しつけ続けるのです。

ピーター・パン物語の中のピーター・パンは大人になることをやめた少年です。しかし、ピーター・パンはまだ、彼なりに一生懸命ウェンディを助けようとしたり、喜ばせようとしたりがんばってくれます。だからこそ、あの物語は愛され続けるのでしょう。そして、見た目もとても愛らしい少年です。しかし加害者は、何一つ被害者のためにがんばってはくれません。もちろん、見た目も愛らしい少年ではありません。加害者を、ピーター・パンとまったく同じと見ることはできません。

ピーター・パンシンドローム

ピーター・パンは自分が「子どもで居続けること」を選んで、子どものままでいる存在です。見た目も子どものままで、ネバーランドという世界で気ままに暮らしています。彼自身も、自分は子どもだと思っています。

一方、加害者は、「子どものような葛藤処理方法」を選び、ピーター・パンのように、自らを精神的に子どものままで止めている存在です。しかし、ピーター・パンと違うのは、彼らは自分を大人だと思っていることです。

また、ピーター・パン同様に、ターゲットを自分だけの世界に引きこみますが、彼らはそこを、ネバーランドという特別な世界だとは思っていません。

「ピーター・パンシンドローム」（アメリカの心理学者、ダン・カイリー博士が定義）という言葉があり、今では広く知られるようになっています。「ピーター・パンシンドローム」とは、大人になりきれない男性たちが引き起こす社会的・心理学的問題を指し、ナルシシズム（自己愛）に走る傾向が強く、わがままいっぱいに夢を追い続け、大人としての責任を回避し、自己中心的で無責任で、怒りやすかったり、ずる賢かったりと、まさに子ども段階で意識レベルが停滞してしまっている大人を指します。

まさに、加害者たちにも当てはまる定義と言えます。加害者はこうしたピーター・パンシンドロームを基盤に、攻撃性・支配性を特に膨らませ、ターゲットをネバーランド（自己の幼児的世界）に引きこみ、自分の物語（イメージ通りの世界）の「登場人物ウェンディ」として、被害者となるターゲットを使っていると言えます。

自分の世界ではない空間、自分の意思が認められない空間で生き続けることほどつらいことはありません。被害者はまさに、個人の意思や価値観を一切認められない加害者の世界で生きることを強いられているのです。

加害者のことを、被害者が「宇宙人」と表現しているのをよく見聞きします。自分とは違う世界に生きている人といった印象を的確に表現しているのではないでしょうか。

その「宇宙」で「地球人」が生きていくためには、身動きのとりにくい宇宙服を着用しなければなりません。呼吸をするために、大きな酸素ボンベを常に担いでいなければならないでしょう。被害者は、加害者の世界で、身動きのとりにくい宇宙服を着て、重い酸素ボンベを担いだような状態で、暮らし続けている。そうした意味でも、とても的確に表現されていると、感心させられます。

ウェンディジレンマ

「ピーター・パンシンドローム」と同様に、ダン・カイリー博士が定義した心的状態に「ウェンディジレンマ」があります。

ピーター・パン物語を知っている人なら、なんとなくイメージできると思いますが、ウェンディは、ピーター・パンによってネバーランドに連れてこられ、そこで「ネバーランドのお母さん」という役割を与えられ、ウェンディ自身も、懸命にその役割をまっとうしようと努力します。もちろん、ウェンディはピーター・パンのお母さんなんて役割は望んでいません。それでも、それがネバーランドでの私の役割なのだと、一生懸命がんばり続けます。本当はそんな役割は、ちっとも面白くないのに、ピーター・パンに不満を遠慮がちにしか言えません。ウェンディは、自分はピーター・パンのお母さんではないのだと思っていますが、その行動はピーター・パンのお母さんそのものです。ピーター・パンのわがままを受け入れ、ピーター・パンの嘘やごまかしを、心では引っかかりつつも見逃します。そして日夜、ピーター・パンの望むネバーランドのお母さんになるべく、努力してしまいます。

ウェンディはとても責任感が強く、なんでもかんでもがんばってしまう女の子。実は、嫌だ、何か違う、と思っているのにがんばってしまう。そんなウェンディのような状態を、ダン・カイリー博士は、ウェンディジレンマと定義したのです。

ウェンディジレンマに陥っている人は、嫌われたり傷ついたりするのを恐れるばかりに、相手の言いなりになってしまいます。機嫌をとったり世話を焼いたり。でも、内心では劣等感に怯えています。相手から受ける不快感や傷つきを、自分の至らなさのせいだと思いこみます。そして、誰か（ピーター・パン）に頼っていないと、ここでは生きていけないとさえ思うようになるのです。そのような人は、常に不安な状態を抱えて生活しています。まさに、被害者の心理状態と言えます。

このウェンディジレンマは、ピーター・パンシンドロームの人と一緒になった時に顕著に現れると、ダン・カイリー博士は語っています。

では、ウェンディジレンマに陥らないためには、どうすればいいのでしょうか。

それには、ピーター・パンシンドロームの人とつきあうのをやめるか、ピーター・パンにとってのティンカー・ベルになるしかないと言われています（一般的には「ティンカー・ベルに変身する」などという言い方がされています）。

ティンカー・ベルタイプの人は、恋人や夫婦間で起こった葛藤や問題をすべて解決しようとは思わず、解決の優先順位をきちんと組み立てることができ、解決しなくてもよいものは、横に置くこともできます。また、なんでもかんでも自分のせいにせず、しんどいな面倒くさいなと思ったら、ときにはピーター・パン物語の妖精ティンカー・ベルのように、プイッと飛んでいってしまいます。

ピーター・パンタイプと一緒にいるためには、こうしたティンカー・ベルタイプになろうというわけですが、モラハラ問題の場合、そう簡単な話ではありません。被害者が加害者との生活を維持するためにティンカー・ベルタイプになろうと努力しようとも、モラハラという攻撃によって、ウエンディタイプに引き戻されてしまうのです。モラハラは暴力です。

そもそも被害者は、暴力を受けることによって、ウェンディタイプになったのです。ティンカー・ベルタイプになろうとしても、相手が許さないはずですし、暴力によってそれを阻止され、ウエンディタイプで居続けざるをえなくさせられる。それがモラハラです。

加害者には、何がなんでもウェンディが必要です。そんな相手にティンカー・ベルのようにふるまい続けることは至難の業ですし、それこそ叩き潰されてしまうかもしれません。一度、ウェンディとして彼らの世界に招き入れられた被害者がどうあがこうとも、そこでの変身は許されません。

被害者が自分の世界を取り戻したいと思うなら、やはり、ネバーランド（加害者の世界）を離れ、普通の世界へ戻らなくてはなりません。

❸ モラハラパーソナリティの特性

身体的暴力であろうと、精神的暴力であろうと、相手を攻撃せずにはいられない、パートナーに暴力をふるわずにはいられない加害者は、パートナーが、この世に生を受け、その人の人生を歩んでいること、たとえ自分と結婚していても、結婚は互いの人生を伴走し、互いを近いところで支援し合う関係であるとはとうてい思えない人たちです。

結婚（交際）によって、相手の人生が丸ごと自分のものになったかのように考えます。パートナーの人生や個性、パートナー自身が培ってきた価値観を無視し、自分の「それ」が唯一であると言わんばかりに自分に従わせようとし、パートナーの「それ」を抹消しようとします。加害者は、パートナーの人生を自分のために使えるツールと思っているかのようです。

このモラハラ行動は、未成熟な子どもが全能感を持ち、なんでも思い通りになると思っている様子、また思い通りにしようとする行動が通用すると思いこんでいる様子に非常によく似ています。自分以外の存在について考え、自分の行動が他者にどう影響するかを顧みるという経験がいまだ育まれていない子どもの行動に非常によく似ているのです。

小さな子どもが周囲の状況や相手の思いなどお構いなしに、自分の思い通りになるまで駄々をこねてお目当てのものを手にした時や、誰かのせいにして自分自身と向き合わずにすんだ時など、次もまた同じ方法でその成功を得ようとして、その方法を繰り返し使い、うまくいけばいくほどに、それはエスカレートしていきます。

未熟で幼い子どもは、まだ心が育っていないがゆえに「思い通りにしたい」「嫌なことから逃げたい」一心で、年相応にわがままで、自分の思い通りに周囲を操ろうとするかのような行動をとります。しかし、モラハラの加害者は大人です。

大人の彼らは、自分を守り自分の心の安定を保つ方法として、子どもの頃に使っていた方法を、自ら好み、選んでいるのです。大人の葛藤処理方法を獲得するよりも、楽な方法を好み、選んで、モラハラを行っています。そのためには、あえて被害者を人として見ようとしないし見ることができないのです。

相手は、あなたへのモラハラという方法を、自分のために、自ら選んで行っているのです。

ここでは、自分のためにモラハラを選んで行っている人を「モラハラパーソナリティ」と呼ぶことにして、話を進めます。

モラハラパーソナリティの自己中心性

モラハラの加害者・モラハラパーソナリティは「自己中心的である」とよく言われます。自分勝手という意味ではありません。

知能の発達の研究で有名な児童心理学者ジャン・ピアジェのパーソナリティ概念に、「自己中心性」があります。「自己中心性」とは、自分とは異なった視点があることを知らず、すべてを自分中心の視点からしか認知・判断することができない幼稚な心性のことであり、他人の経験や考えは自分とは異なるものであると理解したり、他人の視点に立ったり、他人の立場を捉えてその関係を判断したりすることが難しく、自分と同じ考えや価値観を相手も持っている／持つべきであると思っている、自分と他人との間に境界を見ることができない性質を指します。これは幼い子どもの特性でもあります。子どもは成長するにつれ、自分と他人の世界の境界を見ることができるようになり、物事を相対的に見るようになっていきます。これを「自己中心性からの脱却」「脱中心化」と言います。

モラハラパーソナリティは、「自己中心性からの脱却」「脱中心化」をなし得ていないと考えられ、そういう意味合いで、「モラハラの加害者は自己中心的である」と言われています。

「自己中心的」な人でなければ、自己と他者の境界線をむやみやたらに越え、他者であるあなたの心のテリトリーを侵すなどということはできません。自分中心の視点を平気で押しつけるために、相手は、自分とあなたとの境界を曖昧にし、自分とあなたの区別をつけず、それどころか、あなたの世界や経験を一切無視します。

モラハラという葛藤処理方法を相手が続けるのは、あなたを「人」として見ないからです。相手は、自分を中心にした自分の道具、葛藤処理のための道具と、あなたを見ているのです。

相手も、社会人として、自分の世界以外でも生きていかなければなりません。社会に適応している自分でなければなりません。そのため外の世界では、大人として獲得しなければならない「自己中心性からの脱却」といった課題をクリアしているかのように見えます。「外の世界・第三者」には人当たりのよいふるまいをしてみせることはできるけれど、幼児的で、自分中心に生きる心地よさを決して捨てず、自分の世界に帰ってくると、あなたという「道具」に対してモラハラを起こし、自分を甘やかします。

「自己中心性の脱却」を含むさまざまな心理的課題を乗り越えていく過程は、ほとんどの大人たちが経験しています。今ではその時のつらさを忘れてしまっているかもしれませんが、とてもつらい過程であったことと思います。大人は、子どもじみた悩み、子どもじみた葛藤、と笑って片付けてしまったりしますが、当時を思い起こせば、非常につらかったのではないでしょうか。

自分の思い通りにならないことがあることを認め、自分と他者に境界があることを認めていく作業は、大きな葛藤を引き起こします。誰もが悩み、ときには傷ついてきたと思います。

その苦しい時期を乗り越えて、人はバランス良く大人に成長します。モラハラをする相手は、根本的には、自己中心性を克服できていない人と言えるでしょう。

なぜ、克服しないのか。その方が楽だからです。しんどい思いをして大人の階段を上っていくことをやめる方が、ずっとずっと楽だからです。

「モラハラは変わらない」という言葉をよく見聞きします。

「モラハラは変わらない」のではなく、モラハラパーソナリティは「変えたくない」のです。幼い頃の手段を手放し、しんどい思いをして大人になるための発達課題をクリアするには、子どもが経験してきたつらさ以上のものを覚悟しなければならないのですから。

幼い頃にはなんでも思い通りになり、自分の世界だけで生きられた。その時代に固執し、モラハラという行為で、その時代を取り戻そうとする。モラハラという行為を使って、モラハラパーソナリティたちは彼らの夢の時代を生きているとも言えます。

言葉が乱暴でも、自他の境界をきちんと知っていて、乱暴なりに、「相手の立場」を理解している人もいるでしょう。「俺の言うことを聞いていればいいのだ」と男尊女卑的に、エッヘンとふるまっている人であっても、それが男らしさだと信じているだけの人もいるでしょう。男らしさを誇示しようとして、「相手の世界観」を無視してしまうこともあります。

一方、モラハラの場合は、男—女という枠組みを超えて、自分の世界だけが絶対であると信じ、「相手の人格・価値観」など、すべての世界観を無視します。あなたの相手の言動が、あなたの世界を一切無視しているかどうかが、モラハラを見分けるポイントと言えるでしょう。

それを知るためには、相手の言動を、自分と相手との関係を、冷静かつ客観的に見つめていく必要があります。

防衛機制という視点から

人は誰でも、意識的・無意識的に心の問題・葛藤を克服しようとして、いろいろな活動を行います。自分の中に生じた心の問題に自分が潰されないよう、回避しようとして行う心的活動を「防衛機制（または適応機制）」と言います。

防衛機制は、自分の内面だけで用いるものもあれば、他者を巻きこんで行うものもあります。モラハラパーソナリティと被害者の心的活動を「防衛機制」のひとつと見ることもできます。そして防衛機制は、一度その活動方法が形成されると、似たような事態に対して同じ方法を選ぶという傾向を持っていて、その方法を繰り返し用いるうちに、それがパーソナリティに大きく影響していくことになります。

被害者が暴力を受けながら、自分にだけ原因を見いだそうとするのは、モラハラパーソナリティの行動が理解できないがゆえに「合理化」という防衛機制を使って、モラハラパーソナリティの行動を納得しようとしていると考えられます。

防衛機制が表現されている童話がたくさんありますが、イソップ寓話の「キツネとブドウ」という話の、手の届かないところにあって自分には採れないブドウを、「すっぱいからいらない」と言って、「諦めたのではなく、いらないのだ」と自分に言い聞かせるキツネは、被害者が「自分が悪いのだ」と言い聞かせて、理解できないモラハラパーソナリティの言動を納得するのと同じです。

また、カウンセリングの際に、自分の受けてきた暴力を語れない状態、つまり自分が受けてきた攻撃を意識から押し出してしまうのも、「抑圧」という防衛機制です。

反対に、モラハラパーソナリティがよく行う防衛機制に、望ましくない自分の特質を他者に押しつける「投影」があります。

「就職活動がうまくいかないのは、就職難を作った社会のせい。私のせいじゃない」「あの人に比べて、私のやっていることなんてまだかわいいものだ」等々。誰しも、望ましくない自分と向き合わなければならない時、「投影」という手段を用いて、とりあえず問題・葛藤から逃げようとします。しかし、こうした防衛機制は、不安やストレス自体をなくすものではなく、見ないように、見えないように、その場をごまかすという要素を含んでいます。

防衛機制は、その手法を用いることで自分の心を少し元気にして、後でじっくり自分と向き合って成長していくために、自分の問題に対処できる力を得るための時間稼ぎをしているだけであり、いわば、とりあえずの心の〝頓服〟とも言えるでしょう。いずれは自分の問題・葛藤としっかり向き合わなければなりません。

しかし、防衛機制を繰り返し用いることで、問題から、自分と向き合うことから逃げ続けようとする人たちがいます。

被害者が自分のために存在し、自分の葛藤を引き受ける存在（心のゴミの受け皿）であるかのように扱う（投影性同一化）ことによって、自分の心の問題をしのぐことを「常」とするモラハラパーソナリティたちが、それにあたります。

それは「自他の区別が混乱した〝境界例水準の防衛機制〟」と呼ばれ、醜い、認めたくない自分の心性、葛藤を相手にぶつけることにより見えなくしよう、認めずに済まそう、というものです。

これは、非常に原始的で病的とも言える防衛機制です。彼らにとっては、周囲、特にターゲットに選んだ人は防衛機制を行うための道具に過ぎません。

誰しも「投影」という防衛機制を成してしまうことはあります。誰かに八つ当たりし、責任転嫁してしまう瞬間を持つことがあります。精神的に未熟ならなおさらで、小さな子どもたち、反抗期・モラトリアム時代の子どもなどは、本当の意味ではまだ「原始的」であるがゆえに、こうした行為を繰り返します。

誰もが子ども時代を生きたことがあり、この「投影」をはじめとする原始的な防衛機制を用いた経験を持っています。そして、大人になっても「つい誰かに八つ当たり」した記憶が一度や二度はあるため、被害者がモラハラ被害を訴えても、「よくあること」「気にする方がおかしい」という意見が出てくるのです。

しかしモラハラを、誰でもがしてしまう「世代的」行為、「瞬間的」行為と混同してしまうと、非常に危険ですし、モラハラという暴力被害を見えなくしてしまいます。

普通は、ついしでかしてしまった「世代的」・「瞬間的」な防衛機制に対し、不安やストレスからとりあえず回避した後には、後悔し、自分を省み、本当の意味でその問題を乗り越えるには何をするべきかと、自分と向き合おうとします。幼い子どもたちも成長したいと願い、自分と向き合います。

しかし、モラハラパーソナリティは違います。

彼らは、自分の心が楽になる手段として、自分と向き合わなくてもよいようにするために、その防衛機制を選んでいますので、省みることも、自分の行為の結果が導く相手の思いを考えることもしません。彼らは、自他の境界が曖昧で、攻撃の対象を自分の道具のように使っているわけですから、相手の思いを考えるどころか、自分中心の視点で、自分の言動に反応した相手を、「お前は反省していない」「自分の方が傷ついた」とさらに責めます。彼らは、その時うずいている不安やストレスを心の底に追いやれるまで、モラハラを続けます。

モラハラパーソナリティの共通の行動のひとつに、何時間も延々と責め続けるという行動がありますが、すでに何に対して怒っているのかさえわからなくなっているのではないかと思うほど、いろいろな話を持ちだして怒り続けるのは、心のマグマが静まるまでやめられないからです。

依存症という視点から

誰もがよく知る依存に、アルコール依存があります。心配事や不安を募らせイライラしている時、お酒を飲みに行く。するとなんとなく気持ちが高揚し、イライラが晴れたような気がする。この方法に依存していく人たちがいます。心配事や不安といった自分の中の根本問題と向き合うことを避ける人たちです。お酒を飲んだその日は、悩みごとから少し解放された気になる。しかし、必ずいつかはその問題と向き合わなければ解決しないということを、普通は知っています。

依存に陥りやすい人は、手っ取り早い方法を用い、問題と向き合うことから逃げ続けようとします。向き合うべき問題を心の隅に追いやり、今日も昨日のような高揚感を得ようとお酒を飲みに行く。しかし昨日と同じ酒量では、同じような高揚感を得ることができず、飲む量が増える。明日も、またその次の日も、根本的な問題と向き合うことを避け続け、お酒を飲み続ける。気がつくと、その人は、アルコール依存症になっているのです。お酒を飲まなければ、今まで避け続けてきた問題が一気に押し寄せてくるような気がして、自分が潰れてしまいそうで、お酒を飲まずにはいられません。

モラハラは、モラハラパーソナリティである加害者が、自分の心の問題を被害者になすりつける行為です。モラハラをするという行為に依存していると言えます。加害者は、自分の心の問題と向き合おうとせず、モラハラをすることで心を守ろう、高揚感を得ようとするのです。

これは先に述べた「投影」という防衛機制に頼っていると言えます。自分の問題と向き合う前の「とりあえずの心の〝頓服〟」として防衛機制を用いているのではなく、その方法に頼り、依存しているのです。

罵倒したり、無視したりといった態度であなたを責め、あなたが自分の思い通りに行動すると快感を味わいます。あなたの相手は、ストレスが軽減され、自尊心も満たされた気になります。本当の意味で、相手の持つストレスが解消され、自尊心が高まったわけではありませんので、相手は再び、発散と快感を求めてモラハラをします。そして、モラハラに成功する快感を知って行っている相手は、成功するまで攻撃を行います。

その時得る気持ちよさ、快感を求めて、アルコール依存の酒量が上がるように、あなたへの攻撃が確実にエスカレートしていきます。あなたがどんな努力をしようとも、相手はモラハラをする。そして、そのモラハラは確実にエスカレートしていくのです。

人が、人とのかかわりのなかで当たり前に行う「歩み寄り」「譲歩」にさえ、相手は成功感を味わいます。あなたは、人と人との関係で当たり前に行う「歩み寄り」や「譲歩」を相手との関係でも行います。「こんなことで怒ってもしかたないか」「相手の言っていることにも一理あるし」と。相手にとっては、自分の言動によってあなたが黙った。あなたが一部でも相手の言い分を認めた。それさえ「成功」です。

あなたは、互いが「歩み寄り」「譲歩」をし合っていると信じています。相手がそんなことで成功感を味わっているなどと、思いもしません。しかも、相手は自分を譲ること、変えることは一切しません。「互いの歩み寄り」はそこにはなく、あなただけが常に変化を強いられます。「一理ある」と認めたあなたが、全面的に相手を認め、自分が悪いと屈服するまで、相手の攻撃は繰り返されます。

あなたが「歩み寄り」「譲歩」と思ってきたものは、あなたにとっての「支配とコントロール」の一端に過ぎません。

相手は、あなたと関係のない自分の問題で心を満たして帰宅します。

あなたはその日とても忙しく、夕飯の支度が遅れてしまいました。子どものおもちゃも出しっぱなしになっています。相手が、子どものおもちゃを蹴散らしながら、テーブルにつきます。まだ、食事を出すことができません。食事の用意をしながらあなたが声をかけても、相手は無視し、ため息をつきます。非常に険悪な空気が部屋中に漂います。食事はすぐに出せないし、おもちゃが出しっぱなしになっていて、疲れて帰ってきている相手が不機嫌になっているようだと感じ、あなたは「疲れて帰ってきているのにごめんね、次から気をつけるわね」と言います。モラハラパーソナリティの相手は、自分の態度が成功したと感じ、「支配とコントロール」の始まりに利用します。

「君は、どうせ一日暇だったんだろう」「こっちは疲れて帰ってきているのに、これでは家に帰ってくる気も失せるよ」。相手は、自分の心のイライラを発散し始めます。

あなたが、「今日はとても忙しくて……」と事情を話しても、聞こうともしません。なぜ夕飯の準備が遅れたか、おもちゃを片付ける暇がなかったか、ということは相手にとってはどうでもいいことなのです。あなたにイライラを流しこみたいだけなのです。

あなたは叱り続ける相手を見て、「たしかに私が悪かったのだから、今日は黙って聞いていよう」と、相手のイライラを受け止めます。受け止めたから悪いのではありません。虫の居所が悪い時、家族の誰かに八つ当たりしてしまうということは、誰にでも、どの家庭でもよくあることです。あなたのとった「譲歩」と「受け止め」は、生活の中で、誰でもが経験していますし、大切なことです。しかし相手は、そうした当たり前の「譲歩」を、自分の行動の成功と捉えるのです。

相手は執拗に、そして陰湿に、こうした攻撃を繰り返します。そしてその攻撃は、アルコール依存のアルコール摂取量が徐々に増えていくように、エスカレートしていきます。言動が激しくなったり、モラハラ行為（無視したり、嫌みを言ったり）をする期間が長引いたり、モラハラが行われるサイクルの間隔が縮んだりと、エスカレートしていくのです。

モラハラに依存するモラハラパーソナリティたちは、自分で葛藤に対処することから逃げる人たちと言えます。そんな彼らは、モラハラという手段（ターゲット）を手に入れる前には、何らかの依存対象を持っていないとやっていけなかったのでしょう。モラハラ以外にも依存行為を持っている場合が多く見られます。

私が見てきたケースでは、アルコール、薬物、賭けごと、女性問題（浮気）など、さまざまな依存の対象がありました。こうしたわかりやすい依存が一見ないように思えても、「防衛機制」に依存しているケースがあります。この場合、被害者本人も他人も、それが「依存である」とは思わずに見過ごしています。

自分を良く見せようと自分のことを自慢し、周囲の人をけなしてばかりといった言動の目立つ人がいます。たとえば「自分のおかげであいつは成功した。本当は、あいつはたいした奴ではないんだよ」と、その人は言う。「あいつより自分の方が優れている」と言っているわけですが、人の悪口ばかり言うのは、自分の中にある自己嫌悪や自分が持っている嫌な部分を悪口の相手になすりつける「防衛機制」のひとつ、「投影性同一化」であり、「自分のおかげであいつは成功した。あいつの成功は自分がしたようなものだ」と、自分で行動しなくても、自尊心が守られる（ように思うことができる）言い方をするのは、「同一化」です。

「防衛機制」は、誰にでも見られるものですが、この手法に依存すると、自己の問題解決に弊害が出てくることになります。モラハラパーソナリティは、問題解決に弊害を持った人たちであると言えます。

アルコール、薬物、賭けごと、浮気などに依存するのとは違い、モラハラは彼らにとっては非常に楽で快適な依存対象です。

アルコール、薬物、賭けごと、浮気などの依存行為は、他者にも見抜かれやすく、その行為の結果の弊害は、直接、自覚しうる形で自分に向かってきます。お酒を飲み続けたり、薬物を摂取し続けたりすれば、本人の体はボロボロになります。賭けごとにのめりこめば、破産を迫られるほどの借金をしてしまいます。そうなると、自分の行為の愚かさに気づかざるをえなくなります。自分が依存症に陥っていると気づかざるをえない体験を、「底つき体験」と言います。この底つき体験は、依存行為の克服にはなくてはならないものです。

しかしモラハラは、加害者と被害者といったふたりの関係の中だけで（密室で）行われるため、第三者にはわかりません。そして、行為の結果の弊害が、加害者に向かってくることもありません。モラハラによってボロボロになるのは、被害者だけです。

また、モラハラパーソナリティである相手が底つき体験を得られるとしたら、唯一、「もう耐えられないので離婚します」「子どもを連れて出ていきます」と、被害者であるあなたに別れを告げられた時だけです。自分から決して離れないと思っていた「モノ」が離れていくということは、さすがに相手にとってもショックなはずです。「これは大変なことになった」と感じるはず。

しかし、モラハラパーソナリティには、それすら底つき体験とならない場合が多いのです。

「大事であるはずの存在（家族）」が自分から離れていくという事実を突きつけられる瞬間は、自分と向き合うチャンスです。しかし相手は、その時でさえ、自分の問題と向き合おうとはしません。

「離婚します」「出ていきます」とあなたに言われた相手は、「〇〇ばかりしていたら、おもちゃを取り上げるよ」と言われた小さな子どもが、おもちゃを取り上げられたくないから親の言うことを聞くように、「わかった。モラハラというのだな。それをやめるよ」と言うのです。「とりあえずそう言えば、パートナーと子どもはここに残るだろう」と。「俺が悪かった。もう二度としないから」と、泣いて謝るモラハラパーソナリティさえいます。それは大人の計算された行動ではなく、子どもがしているような本能的な行動です。あなたはそんな相手を見て、心が揺れます。信じたいという思いもやはり捨てきれず、信じてみようとします。しかし、あなたはここで簡単に信じてはいけないのです。信じるのは、もっと後の話です。あなたは、黙って観察する必要があります。

未熟な子どもが、おりこうにしていたら、またおもちゃを出してくれると本能的に対処するように、あなたが離れていくことを避けるために、モラハラをやめると言ってみる場合がほとんどだからです。それを見極めることが大切です。

何を怒られたのか、どうして怒られたのか、根本的なところを理解していない子どもは、またいつものように、同じように叱られることをしでかします。子どもは、それでいいのです。少しずつ学び、考えられるようになるための時代を生きているのですから。

相手も、それを機に、しっかりと自分を見つめる作業をするならば、モラハラというものと闘い続ける覚悟もできるでしょう。しかし相手は、そうした作業をずっと避けてきた大人であることを忘れてはいけません。相手には、これまでにも、自分と向き合うべき問題にたくさん出合い、それを乗り越えて大人として成長していくチャンスがいくつもあったはずです。しかし相手は、自分と向き合うつらさから逃げるために、自分の問題をこれまでずっと置き去りにしてきたのです。よほどのことがないかぎり、これまで置き去りにしてきたものと向き合うことはできないでしょう。

あなたが自分から離れていくというつらさ・驚きから、しばらく「いい子」をしたとしても、「もう離れていかない」と思うことができたら、再び、楽な方法であるモラハラに逃げてしまうのです。

あなた自身が、この人は反省したに違いない、変わってくれるに違いないと信じたい気持ちはよくわかります。しかし、あなたが相手を信じ、相手に期待した後、モラハラ攻撃が再開される日がやってきた時、あなたは前にも増して傷つき、相手から逃れられない状態に陥っていきます。

相手が「モラハラをやめる」「自分は変わる」と言う時、たしかにそれなりの思いがそこにあるかもしれません。しかし、アルコールや薬物依存症の人たちが、自分の健康な体や社会的地位がダメになると知っていても、それに再び手を染めてしまうように、モラハラは簡単に、その方法に戻っていくようになるのです。モラハラには、自分の体が蝕まれたり、社会的地位が地に落ちたりといった結末はありません。「やはり、自分だけが悪いとは言えない」「モラハラとなんでも名前をつければいいと思っている」「あいつの悪いところを自分が教えてやっているのに」と、その方法を使うための肯定材料を、他の依存症より簡単に用意することもできます。

あなたは、相手が懸命に自分と向き合ってくれている、努力してくれていると信じようとします。しかしあなたは、「モラハラなんてものは、そもそもお前が勝手に言いだしたことだ。お前の言うとおり、考えてはみたけれど、やっぱりどう考えても納得がいかない。そもそもお前が怒らすから悪いのだ」と、再びモラハラを始めた相手に言われ、愕然とすることになります。

モラハラパーソナリティである相手は、自分と向き合う機会、発達課題を獲得していく機会の多くをみすみす無視し、さらに、無視したことも無視し、自分は大人として成長していると信じているのです。自分の中で自己イメージを膨らませ、すばらしい人間だと信じているモラハラパーソナリティもたくさんいます（そのイメージを守るためにモラハラをするのですが）。このように、自分は大人だと信じている相手がモラハラと向き合うためには、並大抵の努力では足りません。モラハラに似た言動をする子どもがゆるやかに大人になり、成長し、それをやめるのに要する努力以上のものが必要であることを忘れてはいけません。子どもたちが成長するのに要した時間を考え、その長い時間を待ち、つきあう覚悟があるかどうかを自分に問いかける必要があります。そして、向き合うことを放棄し、再びモラハラを始める可能性がモラハラパーソナリティにあることを忘れずに、相手を観察する必要があるのです。

人を信じること、相手を信じようとすることもたしかに大切です。しかし、物事を客観的に見るためには、モラハラパーソナリティの相手を信じ切らずに観察すること。観察した結果、あなた自身が見いだした判断を信じることが大切なのです。

アルコールや薬物といった依存症と並べて説明をした時、モラハラも依存症というならば治るのではないか、と尋ねる人がいます。

アルコール依存も薬物依存も、完治するのは非常に困難です。どんな依存症も、底つき体験の結果、「自分は依存症なのだ」と本人が自覚し、それを克服しようと強く思わないかぎり、「治る」ことはありません。依存症に「治る」という表現をすること自体、間違っていると言えます。

自覚したその時から、「一生、それに手を出さない」と誓う。そこからが、依存症者の「一生ものの闘い」の始まりです。依存症を克服するには、その人自身の並々ならぬ努力が必要です。「あれから、一切手を出さなかった」と言って、その人が人生を終えられる時こそ、その依存症を真に克服したと言えるでしょう。

テレビのワイドショーなどでも頻繁に、薬物で逮捕されたタレントが、繰り返し繰り返し、薬物に手を出してしまう事件が報じられています。一度依存症に陥ってしまうと、その「葛藤処理方法に二度と手を出さない」でいることは、一生の闘いと言えるのです。そして、それは依存症者本人にしかできません。

モラハラパーソナリティは、「自分の行為はモラハラという暴力であり、自分はその行為に依存して自分を守ろうとしているのだ」と、なかなか自覚できません。自覚がなければ、克服はできません。

ジャイアンがそのまま大人になったモラハラパーソナリティ

モラハラパーソナリティの加害行動は、未成熟な子どもが全能感を持ち、なんでも思い通りになると思っている様子、また、思い通りにしようとする行動が通用すると思いこんでいる様子に非常によく似ていると書きました。

被害者にモラハラパーソナリティを説明する時、私は、漫画『ドラえもん』（藤子・F・不二雄）に登場するいじめっ子ジャイアンを例にすることがあります。モラハラパーソナリティは、ジャイアンの葛藤処理やストレス対処方法を用いている。モラハラパーソナリティは、ジャイアンがそのまま大人になったのだと。

ジャイアンの言動は、モラハラパーソナリティの言動に非常に似ているため、みなさん納得します。

モラハラパーソナリティは、自分はこういう人間だ、こうあらねばならないとイメージしている自分の世界を守るために、他者（被害者）を貶め、攻撃して支配しようとし続けます。

ジャイアンの有名な台詞《せりふ》に「正しいのは、いつもオレだ」「のび太のくせに」「おまえのものはオレのもの、オレのものもオレのもの」などがあります。そうしたジャイアン的ニュアンスのこめられた言葉を、被害者は、モラハラパーソナリティから常に聞かされています。

ジャイアンは、自分がジャイアンというガキ大将であり続けるために、のび太やスネ夫を必要としています。「のび太のくせに」と言うことで、彼より上であると自分に言い聞かせています。

ジャイアン自身が歌う「オレはジャイアン、ガキ大将！」の通り、「俺様＝ガキ大将」でいるために、相手を怖がらせて言いたい放題やりたい放題して、「俺様＝ガキ大将」の立ち位置を守ります。そして、「おまえのせいだからな！　なんとかしろよ‼」と、なんでもかんでも相手になすりつけます。しかし、ジャイアンは小学生です。乱暴者で、厄介者。発達課題をたくさん抱えてはいますが、彼は小学生ゆえに、これからどんどん変わり、成長していく可能性を持っています。年齢・経験を積み重ね、自分と向き合い、本当に強い人間はこんなものではないと、いずれ気づくかもしれません。このままだと、皆が去っていく。のび太たちに自分も大いに助けられていると感じ、相手を認め、自分を育み、ジャイアンをやめていくことは十分可能です。映画版「ドラえもん」シリーズでのジャイアンは、そんな成長を見せてくれます。

年相応に経験を重ね、自分を省み、周囲の思いに心を配るようになりながら、ジャイアンや、子どもたちは成長していきます。大人になりたい子どもたちは、自分をしっかりと組み立てていきます。

しかし、モラハラパーソナリティはすでに大人です。その大人が、自分の中の問題や弱さを見ないようにするために、あるいは問題はないと信じるために、モラハラという行為を選んでいる点が、小学生のジャイアンとの大きな違いです。

あなたも、相手を大人として見ています。大人の言動として見聞きします。言動の中身は小学生のジャイアンと同じなのですが、相手は大人であるため語彙も経験も豊富で、ジャイアン以上に巧みな言葉で攻撃してきます。「俺様」であるために、あなたを支配しコントロールしようとする相手の言動は、「攻撃」と気づかないことも非常に多いのです。

その内容は「病的な防衛機制」であったり、すり替えであったりして、言動には矛盾があり、単なる「駄々」「ジャイアン的言動」に過ぎないのですが、あなたは大人の言動としてそれを受け止め、相手が大人として持っているであろう意図を必死で考えようとします。

人は、相手が並べる言葉を関連づけて、一貫した意味を掴もうとします。相手が怒り始めた時の言葉、中盤、終盤の言葉。たとえそこに矛盾があろうとも、つながるものを見つけ出して、つながりのある意味を持った時間として理解しようとします。

しかし、モラハラパーソナリティのジャイアン的言動に、一貫性は一切ありません。怒り始めたきっかけには、怒る意味もなかったりします。怒っている時間の一瞬一瞬はバラバラで、心の中に湧き起こってくるゴミを、せっせと吐き出しているに過ぎません。

「お前の母ちゃん出べソ!」「うるさい、クソばばぁ」のように、思いついたままの言葉、相手がへこむであろう言葉を口にするのは、子ども時代の特徴でもありますが、子どもではない大人のモラハラパーソナリティも、実はこれをやっているわけです。大人であるがゆえに、思いつく言葉が豊富なだけなのです。

モラハラパーソナリティはプライドが高い？

被害者の人たちがモラハラパーソナリティについて話す時、「あの人はプライドが高い」とよく言います。それは被害者が、モラハラパーソナリティの自分への言動に対して、相手の中に理由を求める瞬間でもあります。

「プライドが高い」とは、どういった状態を指しているのでしょう。

プライドを辞書で引いてみると、「誇り、自尊心、自負心、矜恃」などといった日本語の意味が出てきます。

「自尊心が高い」という表現は、良い意味で用いられることが多いのですが、被害者が語るモラハラパーソナリティのプライドの高さは、必ずしも良い意味ではありません。

モラハラパーソナリティは、実は自尊心が低いとも言える人たち。丸ごとの自分を認めることができない人です。では、なぜ被害者たちは、モラハラパーソナリティのプライドが高いと感じるのでしょう。

「自尊心」とは、自分を尊重し、大切にする感情のことです。

本来は、自分自身の良い部分も悪い部分もひっくるめて、これが自分なのだと認めることができ、その、ありのままの自分を大切に扱うことができ、その感情がバランス良く育まれていることを「自尊心が育っている」と言います。

自尊心が欠如すると（自尊心が低い状態）、「自分には存在価値がない」「どうしようもない存在だ」と自分を否定する感情が高まり、他者への依存傾向も強くなります。うつ状態に陥るなど、精神面に問題を起こすこともあります。

逆に、「自尊心が過剰」と言われる状態があります。この状態にある人は、根拠なしに自分をすごいと思っていて、その肥大した自我イメージを周囲に認めてもらおうと、現実を無視して、頑固なまでに虚勢を張ります。

まさに、アメリカの著名な精神分析医カレン・ホーナイが「神経症的自尊心」と称する状態と言えます。

自尊心は、失敗や過ちを犯してしまった時、そのことに対する恐怖心や自己否定感に打ち勝つために、「大丈夫。自分はこんなことで負けない人間だ」と自分を信じようとする力を発揮しますが、「自尊心が過剰」な人は、失敗や過ちそのものを否定し、こんなことをする自分であるはずがないと、自我イメージを守るために事実を認めることさえしません。そして、それを正当化するために、これは○○のせいに違いないと、他者（相手方や同僚など）に責任を転嫁するのです。

モラハラパーソナリティの人たちは、この自尊心が過剰な状態と言えます。ありのままの自分を認める能力が低く、自信がなく、まだ育っていない部分のある自分を認めず、「イメージの自分」だけを尊重するのです。

「イメージの自分」と、ありのままの自分との間にはギャップがあります。ありのままを受け入れた人は、ギャップを認め、イメージに近づきたいと努力をします。自尊心が過剰な人は、「イメージの自分」しか認めず、ギャップを埋める努力をするどころか、すべてを周囲に責任転嫁したり、他者を貶めるモラルハラスメントという手法を使ったりするわけです。本当の自分と「イメージの自分」とのギャップは開いていくばかりです。

誰しも、「こうありたい自分」というイメージを持っています。そのイメージ通りではない自分を知っているからこそ、それに近づいていきたいと努力します。経験、年齢と共に、そのイメージは変化し、広がります。人は、生きているかぎり、こんな自分になりたいという思いに向かって成長し続ける生き物だと言えるでしょう。

しかし、「神経症的自尊心」の持ち主、「自尊心が過剰」な人は、「あるべき自分」のイメージに囚《とら》われ、自分はそういう人間なのだと信じ、自分が努力するのではなく、そう信じることができるような材料で周りを固めようとします。誰かを非難したり、自分の思い通りになる人物をそばに置いたり、思い通りにならない人間を徹底的に攻撃したりします。

「イメージの自己」のみに目を向け、ありのままの自分を認めようとしないモラハラパーソナリティのパートナーを見て、被害者は、精神的に未熟な人であるとは思わないように努めます。パートナーが精神的に未熟な人であり、未熟さゆえの言動を自分にぶつけていると認めてしまえば、相手との関係の歪みを認めることになるからです。ふたりが「婚姻関係」にあればよけいに、簡単に離婚してはいけないと思い、相手に抱いた違和感や不快感を封印し、相手の言動を良い方に捉えようとするのです。

その結果、相手との関係、相手の言動を客観視することからどんどん遠ざかることになります。

4 被害者としての自分を知る

被害者である自分に気づくためのモラハラチェックリスト

「モラルハラスメント加害者はこんな人！」と、加害者行動をメインにしたチェックリストを、ネットやさまざまな場所で見ることがあります。そうしたチェックリストは、自分が被害者であったという気づきのきっかけをくれることは確かです。しかし、加害者行動をメインにしてモラハラを知ろうとすることの危うさを、私は感じます。

加害者となる人は、たしかにチェックリスト化したくなるほど、似たような言動をとりますが、モラルハラスメントとは、こういう行動がモラハラである！と、行動そのものを指して言うものではなく、自分の心の問題や、自分で解決していかなければならない葛藤から逃げるためにモラハラ行動をすること、モラハラ行動によって自分の問題を処理しているという点が重要なのです。

行動だけを指せば、モラハラ攻撃にさらされ、自分の思いを必死で伝えようとして、言葉を荒げたり、ときには物を投げつけたりしてしまう被害者も、「お前の方がモラハラだ」と言われかねません。

モラハラは、自分のために相手を支配し操作しようとする意図があり、その行動に依存しているということなのです。

イライラして、つい大切な人に当たり散らしてしまった、自分のゆとりのなさから、相手を傷つけるような言動をしてしまった、という経験は誰にでもあるはずです。カウンセリング理論で著名な心理学者カール・ロジャーズでさえ、妻ヘレンとのやり取りについて「相手のことをからかったり、自尊心を傷つけるようなことや、相手をけなしたりするようなことを――いつも『冗談』なのだが――言ってしまうのである。そういう時トラブルが起こる。防衛のしるしにちがいないのだが」(『ロジャーズ選集(上)』伊東博・村山正治監訳、誠信書房、2001年)と述べています。

このように、「防衛のしるし」としてついやってしまい、そのことを自覚し、後悔しているというのとは異なり、モラハラパーソナリティと言われる人たちは、その行動への依存が固定化してしまい、当たり前になってしまっており、自分のしていることは誤った行動であるという認識がすでになくなってしまっています。そのことに問題があるのです。

加害者カウンセリングの場合には、加害者と呼ばれる側の行動に視点を向けたチェックリストも意味を持つでしょう。しかし、私のような、被害者のカウンセリングをする立場からすれば、加害者チェックリストの存在と、それによって被害者の視点を加害者の行動にのみ向けさせることは、被害という立ち位置からの解放、そして回復という点において、大きな妨げになることの方が多いのです。

加害者行動に注目すれば、どうしても被害者は、加害者が変わるか変わらないか、なぜ彼らはモラルハラスメントをするのかということに囚われがちになります。そして、自分に目を向けることを怠ってしまったり、その後の選択を、相手（加害者）次第、相手が変わるか変わらないかがわかればできるのに、といった逃げ思考に囚われたりします。

被害者カウンセリングにおいては、加害者を中心にした視点ではなく、変わろうが変わるまいがそれは相手の問題であり、被害者の課題ではない、被害者にとっては極端な話、加害者のことはどうでもよいと思わせるくらいでちょうどよいのです。モラハラの被害にさらされて、自分はどんなふうに変わってしまったのか。明日も同じ時間と生活を、その相手と営みたいか。この先の人生を一緒に歩いていきたいか。その答えを自らの意思で見いだすために、相手がモラハラの加害者だったという発見を使っていくことが大事なのです。

自分の価値観や尊厳、生き方を、モラハラという攻撃によってそぎ落とされてきた被害者が、まず、するべきなのは、自分自身がどうしたいのか、この先、自分はどんな人生を築いていきたいかを、自分の意思で見いだすことです。

しかし、多くの被害者は、自分自身がどうしたいのかということを浮き彫りにし、言葉にすることを、なぜか、自分勝手と捉えて行おうとはしません。自分自身を取り戻し、自分の価値観や尊厳、生き方を明確にし、表現していくこと、そして実現させていくことは、自分を大切にすることであり、決して自分勝手ではないのですが。

被害者は、モラハラパーソナリティとの生活の中で、自分を大事にし、表現することを許されてこなかったので、それを自分になかなか許さない傾向があります。自分勝手なモラハラパーソナリティに、日々、苛まれてきたということもあり、自分勝手と思えるような行動を極端に慎む傾向も強まっています。

ピーター・パン物語のウェンディが、自分の世界はここではないと気づき、ネバーランドを出ることを決意したように、自分自身がそこで生き続けたいのか、出たいのかを考えるためには、加害者中心の視点よりも、自分中心の視点を取り戻すことが非常に大切です。

そのためには、被害者が回復していくという視点に立った、その後の自分について考えるスタート地点としてのチェックリストが必要です。「加害者はこういう行動をする」という視点ではなく、コントロール・支配され、暴力にさらされた被害者がどんな心理状態に陥るかという、被害者中心にモラハラを捉えたチェックリストを用意しました。

いくつ当てはまればモラハラ被害者だということではなく、自分の心の状況に気づくためのきっかけにしてください。

モラハラチェックリスト

□ 1 パートナーの言うことは絶対だと自分に言い聞かせ、たとえ間違っていると思っても、それを言えない。

□ 2 自分の思いをパートナーに伝えようとすると非常に疲れる。いつの間にか諦めて、何も言わなくなってしまった。

□ 3 パートナーがそろそろ帰ってくると思うと、緊張してきて気分が重くなる。

□ 4 パートナーの機嫌を損なわないように、自分はなんでも我慢したり遠慮したりしてしまう。機嫌を損なうなら、我慢した方がましだと思っている。

□ 5 「自分がどう思うか」より、「パートナーがどう思うか」に神経をすり減らす。

□ 6 仕事であっても、やむをえない事情があっても、帰宅時間や待ち合わせ時間が遅くなって、パートナーが先に待っていると思うとハラハラする。

□ 7 自分は楽しかったのに、パートナーが不快そうに見えると、自分も楽しくなくなってしまう。

□ 8 セックスを自分から断ることができない。

□ 9 パートナーを怒らせないように、機嫌を損なわないようにと、子どもの行動まで制限してしまう。

□ 10 他人（実家）などに隠しごとが増え、周囲にパートナーとの関係について相談しなくなった。

□ 11 気がついたら、相手の言動の理由を自分にばかり探すようになっている。

□ 12 パートナーや家族との生活の中で自然な怒りを出せなくなり、自分の気持ちがわからなくなった。また、気持ちの切り替えや整理ができなくなり、反射的に反応してしまうことが増えた。

□ 13 何事もひとりで決めてはいけないと思うようになった。

□ 14 自分が他人に必要とされていると感じたり、自分がかかわれる問題が周囲に生じたりすると、気持ちが高まってきて生き生きとしてくる。

パートナー（モラハラパーソナリティ）の支配を受けて、抑圧している感情は、いつか噴き出してきます。

被害を受けている当初は、被害者はもめごと回避のため、自ら譲歩、黙認しますが、それが当たり前になり、いずれ諦めの感情にたどり着き、パートナーから罵倒、叱責、無視などが繰り返されるなかで、自分の言動すべてに自信を失っていきます。しかし、そんな被害者にも、自分の本来の価値観を、本来の自分を、このまま消失させたくないという感情が、心の奥底から湧き起こってくる瞬間があります。

しかし、どっぷりと被害を受けている被害者は、本来の自分をすでにうまく表現できなくなっており、モラハラパーソナリティに対して、「お前の方がDVだ」と言わしめてしまうような爆発的な言動をとってしまったりします。また、連鎖的に、子どもに支配的・操作的になったり……（リストの9などは、それがすでに現れてきています）。家庭以外で、パートナーが自分にしているように、自分のゴミ箱となる存在を見いだして、無意識に感情を投げこんだり、感情のコントロールができずに、自分がされてきたようなことをしたりしてしまいます。

自分の心の変化を自分でしっかりと把握していくことは、被害者が被害者を脱するために、とても大切です。

自分の感情をしっかり認識し、その感情を自分の責任で処理していく。そうできるように自分を回復させていくことを、まず、最優先に考えてください。

モラハラという攻撃を受けて

「突然、不機嫌になりました。こちらは、どうして不機嫌になったのかわからなくて、原因を一生懸命探してみるのですが、どれもこれも、そんなに怒るようなことだろうかと思うようなことばかりでした」とあなたは言います。

何があったわけでもないのに、ドアを乱暴に閉める。怒っているらしいということは態度で伝わるけれど、なんで怒っているのかがわからないと、あなたは話します。

「でも、あんなに不機嫌になるのだから、自分が彼に対してよほど良くないことをしたのだろうと、その時の私は思いました」と。

自分なりの解釈をして納得をするのは、人の心の自然な活動です。きっとこうに違いないと思うことで、次に自分がするべき行動を準備できるからです。

あなたは、相手に不機嫌な理由を尋ねます。しかし、相手の返答は、「そんなこともわからないのか」「どうせ言ったって、お前には理解できないだろう」と抽象的です。その答えによって、あなたは、やはり私のことを怒っているのだと思い、懸命に自分に理由を探そうとします。探しても見つかりません。見つからないと、次にとるべき行動がわかりません。「こうだろうか、ああだろうか」と、ひたすら推測し、不安な状況を乗り越えるために、推測に従って相手に働きかけます。

相手は、あなたの推測が合っているとも間違っているとも言えるし、答えないこともできます。その時の気分次第で、相手の返答は異なります。

ある日は、「あなたの推測による行動」に、相手が満足したかに見えました。しかし、別の日は、同じ行動に文句を言ったり、怒りだしたりします。

「あの時、あなたがこう言ったから、こうしたのに」と言えば、「馬鹿の一つ覚えみたいに、それさえしていればいいと思っているのか」「あの時と今では違うんだ」と、言い返されたりします。

相手は自分の間違いや矛盾を認めません。いろいろな理屈を並べたてて、すべて自分が正しくて、あなたが間違っていると、言葉巧みにあなたに思わせます。

あなたが、話し合おうとしても、相手は応じません。話し合いをとことん避け、直接的なコミュニケーションを拒否します。相手にとっては、問題を明確にしない方が都合がよいからです。

無視、不機嫌が続きます。

あなたが諦めずに話し合いを持とうとすると、怒鳴り散らし、ドアを乱暴に閉め、わざと大きな音を立てます。プイッとひとりで出かけてしまうこともあります。車に乗っている時なら、急ブレーキをかけたり、わざと乱暴な運転をしたりします。また、「降りろ」と、途上で車から降ろされた被害者もたくさんいました。

旅行先や見知らぬ土地で、突然車から降ろされ、置き去りにされる。後で迎えに来てくれるだろうと、待てど暮らせど、迎えは来ません。車の中に何もかも置いていたので、遠い距離を歩くしかありません。

旅行先のホテルや自宅へ帰り着いてみると、相手は平気な顔をしてテレビを見ています。

「大人だったらひとりで帰ってこられるだろう。どうせ顔を合わせたらケンカになるのだから、ほとぼりがさめた方が良い」

大人なら、置き去りにはしないはず。ひどいことをしたとは思わないのだろうかと疑問を抱いたとしても、相手にまた怒りだされては困ると、あなたは何も言いません。

何も言わないことを、あなたは自分の意思だと信じています。何も言わないことを選んだと。しかし、実際は、相手の攻撃によって言わないように仕向けられているのです。あなたの考えや意見は相手との関係のなかで封じこめられていきます。

口に出さない思いは心に積もっていきます。あなたの心は、破裂寸前です。破裂してしまうと、泣き叫んだり、怒鳴ったり、物を投げたりしてしまうことがあります。すると相手は、冷静でなくなったあなたを徹底的に非難します。

実は、被害者がモラハラの被害に遭い続けた結果、心が破裂し、攻撃してしまうことがあり、その行動を、モラハラパーソナリティに利用されるケースはよくあります。破裂行動としての攻撃をもってして、被害者が加害者とされてしまうのです。

暴言を吐く、怒鳴り散らす、物を投げる……。行動だけをとれば、暴力をふるっているように思えます。その行動だけ聞かされれば、被害者の方が加害者のようにも見えてしまいます。

モラハラの加害者と被害者を見極めるには、攻撃行動そのもので判断してはいけません。攻撃行動が継続的かどうか、自分自身の心を満たすために、日常生活の中で執拗に繰り返しているかどうか、その行動によって相手をコントロールしているかどうかを見極めることが重要なのです。

マインドコントロールに気づく

モラハラは心を痛めつける暴力であり、その暴力によって、被害者の価値観・世界観・生き方を押さえつけ、その人らしく生きさせないようにすることで、あなたを支配下に置いてコントロールします。その暴力は、あなたを根底から破壊します。

この攻撃の何が一番厄介かと言えば、あなたが攻撃されていることに気づかないままに、自己否定感を強め、自分自身を信じられなくなることです。これは、マインドコントロールと言えるものです。

乱暴な言葉を浴びせるからモラハラかと言えば、そうは言い切れません。こんな言葉を言われたから、こんな態度をされたからモラハラだというのではなく（言動と態度だけでモラハラと言われてしまう冤罪もたくさん見てきました）、言動にマインドコントロールの意図がある場合は、モラハラであると言い切ってもいいと私は考えます。

自分の世界を守るため、イメージを守るため、モラハラパーソナリティの相手はあなたを自分の感情のゴミ箱にし、態度や言葉であなたの心をコントロールして貶めていく。ターゲットとなったあなたの心を支配していく。それが、モラルハラスメントの最も恐ろしい面です。

モラハラという言葉に出合い、その存在に気づいても、相手との関係をなんとかうまくやっていきたいと考えているあなたは、自分の状況にその言葉を当てはめようとはしません。

うつになったり、相手の言葉に傷ついている自分を感じたりしても、「自分は弱い人間だ。自分の問題だ」「相手の言葉や態度に神経質になっているのだ」「私が過剰反応しているのだ」と考え、相手は加害者であり、自分は被害者であるという事実を認めようとはしません。

これは、モラハラが一つひとつをとれば、攻撃・暴力と思わせにくい様相を呈していることが第一の原因です。こんなことがあった、あんなことがあったと、エピソードを語る時、一つひとつがひどい内容であれば、あなたも第三者も、ひどいことをされていると思うことができます。しかし、一つひとつはたわいもないことで、誰でも一度は経験しているようなことであれば、そのたわいもないことが繰り返され、巧妙かつ効果的に生活の中に散りばめられ、結果、あなたの心が相手に操作されているということには、なかなか気づきにくいのです。

あなた自身が、あなたの心を壊しつつあるものが「モラルハラスメント」という暴力であるという自覚を持つことができないと、「自分を守る必要性と危機感」を感じることができず、暴力に無自覚なまま、完全に壊れてしまうまで、暴力を受け続けることになります。

まず、「自分がモラルハラスメントという暴力を受けている被害者である」ということ、そして、「その暴力から自分を守らなければいけない」と知ることが必要です。

モラハラをモラハラと思わずに受け止めていく時期

あなたがうつ状態に陥り、あるいは相手の行動に我慢の限界がきて爆発したり、逆ギレしたような行動をとってしまったりして、相手からあなたの方がおかしいと言われてしまうまでには、「彼と生活していると、とっても悲しいしつらい。何か変だ」と感じた瞬間があったはずです。しかし、あなたは、その思いを自ら封印してきたのではないでしょうか。そしてそれは、相手との関係を続けていくため、生活を維持していくための、あなたなりの工夫であったはずです。

モラハラという言葉に出合い、自分がモラハラという攻撃の被害者だったと気づいた時、「あの時に、相手のことをしっかり見抜いて、自分の人生を考えていれば、時間を無駄にしなかったのに」「モラハラを見抜けなかったなんて、自分はなんて愚かなのだろう」と、あなたは嘆き、自分自身を責めるでしょう。

自分を責めないでください。あなたが自分の人生を考えていなかったわけでも、見抜けない愚か者だったわけでもありません。あなたは、「自分が選んで結婚した相手と、少しでもうまくやっていこう。離婚なんて性急に考えないで、努力しよう」と、自分の人生を一生懸命見つめ、工夫していたのですから。

モラハラというものがあり、「自分」のために、理不尽に人を攻撃し、貶め、「自分」の心を満足させようとする人がいるなんてことを知らなかっただけで、あなたが愚か者だったわけでは決してありません。

これまで、モラハラの存在を知る必要もなかったし、知らなかったあなたは、あなたへの奇妙な相手の態度に理由を求めようとしたことでしょう。

あなたは、相手の態度は自分に向けられているのだから、自分に理由があると感じます。自分に理由があれば、その部分を改善していくことで、相手との関係を良くしていくことができる。あなたは、そう考えます。自分に反省すべき点があれば反省し、相手の意図をくみ取って、協力してあげられることには協力しようと。

それはあなたが、結婚、あるいは交際している相手との生活、未来を大切にしたい、守りたいと考えているからでもあります。

しかし、モラルハラスメントというものは、あなたに理由があり、相手にあなたへ伝えたいメッセージがあって、あなたを責めているのではありません。たとえメッセージがそこにあったとしても、それは、「あなたは私のゴミ箱である」なのです。

相手の言動の理由やメッセージを必死で見つけようとする作業を、あなたは延々と繰り返してきました。自分の中で、勝手に理由やメッセージを作り上げてしまうこともあったはずです。そして、それにのっとって、自分の次の行動（対処方法）を考える。それは、あなた自身が作り上げたものであっても、それがまったく見当外れであっても、相手の言動に原因や理由がある方が、あなたの心が安定するからです。

しかし、それは正しい理由や対処法ではないので、相手との関係の改善や進展はありません。理由や原因を探しまくっても、あなたは壁に突き当たり、進みようがなく、その場にうずくまってしまうことになります。

「部屋が散らかっているから不機嫌になったのだ」「彼は疲れているのに、自分の話をしようとしたから不機嫌になったのだ」「〜だから、彼は怒っているのだ」などなど。思いつく原因を排除し、自分の行動を変えても、相手は自分の心の状況によって、怒りだし、当たり散らし、不機嫌な顔をして口を利かなかったりするので、あなたの努力は無駄になってしまいます。それどころか、相手の話は、この間と今言っていることではまったく異なり、矛盾していることも頻繁なので、あなたは混乱し、自分は何をしてよいのかわからなくなってしまいます。

また、相手の言動のおかしさや、理由もないのにあなたを責めたてる奇妙さに気づいたとしても、そんな人を自分がパートナーに選んだという事実を認めたくないという思いも働きます。

モラハラパーソナリティを知らないあなたは、努力をすればなんとかなると考え、相手から感じた違和感や奇妙さを無視し、自分独自の工夫に一生懸命になります。あなたは、日々工夫をしているつもりで、黙って相手のモラハラという攻撃を受け止め続け、モラハラ被害者という泥沼にはまっていくことになるのです。

モラハラパーソナリティのモラハラ行動には、たしかに理由があります。しかし、攻撃の理由、「源」はモラハラパーソナリティの中にあり、モラハラパーソナリティがこれまで生きてきた道程において身につけてきたものであり、攻撃を受ける被害者にあるわけではありません。

しかし、あなたは、自分に原因があると思いこみ、自分だけを責め、被害者という泥沼にはまってしまいます。あなたのパーソナリティが、なんでも自分が悪いと思うタイプだったわけではないはずです。もちろん、そういう人もいますが、たいていは、そう思ってしまうような「巧妙な攻撃」を受け続けてきたからなのです。「お前が悪い。お前はどうしようもない」というメッセージを、「たわいもない言動」にこめて、生活空間の中で延々と受け続けると、誰でもがそう思わされてしまう不思議な力が、モラハラにはあるのです。

ターゲットに選ばれる

モラハラパーソナリティは、外ではとてもいい人である、とよく言われます。「自分はこういう人間であるべき」という強い自己イメージを持ち、外で、そして第三者には、「そういう人間ならこういう行動をするだろう」と思われる言動をモラハラパーソナリティは行うことができます。

あなたと相手が出会った時、相手にとってあなたは外の人間であり、第三者でした。とても良い人に思えたのは当然です。そして、それは、あなたがモラハラ攻撃を受けている今も同じです。相手は、外では「良い人」なのです。

良い人であった相手があなたを責める。そして、外では変わらず良い人である相手を見て、あなたは、「外ではいい人なのに、私にだけ、こんなに攻撃的なのは、やはり私に原因があるに違いない」という思いを強めます。

相手に攻撃され続け、あなたは、どんどん自分の考え方や言動に自信を失っていきます。自分で物事を決められない、言いたいことが言えない、攻撃する相手だけにではなく、あなたは周囲の人に対しても自信を失っていきます。そんなあなたを見て、あなたの相手が良い人だと思っている第三者も、あなたの方に問題があると考えるようになります。あなたの性格の問題だとさえ思います。たしかに、その時のあなたには問題が生じています。モラハラ攻撃を受けて、すっかり自信をなくし、気力を失い、心も不安定になっているのですから。

あなた自身も、どんどん無気力で不安定になっていく自分に、「やはり私はダメな人間だ」と、自己否定感を強めていきます。それまでの自分がどういう人間であったかさえわからなくなってしまいます。それまで持っていたはずの自信や価値観を見失い、自分はどうしようもなくて情けない人間だと思いこんでいるあなたは、後にモラハラという言葉に出合い、モラハラのからくりを知っても、自分を責め続ける癖、自己否定感から抜け出すことができません。あなたは、「自分はもともと自信がなく、相手の言いなりになってしまうような、モラハラをする相手に目をつけられるような側面を持っていたのだろう。自分が弱い人間だから、モラハラという暴力に気づけず、そこから逃れることがなかなかできなかったのだ」と思い続けます。

いったんついてしまった（つけられた）自分を責める癖は、簡単に取れないのです。

実は、あなたがもともと自分に自信がなく、罪悪感を持ちやすい弱い人であったなら、モラハラパーソナリティの相手は、あなたに見向きもしなかったでしょう。

あなたが自分に自信がなく、弱く、人の言いなりになるような人であれば、モラハラパーソナリティにとっては、支配し、自分の言いなりになるように操ることは簡単です。しかし、そうした相手を支配し、自分の言いなりにしても、モラハラパーソナリティは満足できません。

モラハラパーソナリティは、そのような人を好みません。モラハラパーソナリティがパートナー（後のターゲット）に選ぶのは、「こんなすてきな人と結婚するのだから（つきあうのだから）、パートナーもきっとすてきな人に違いない」と思ってもらえるような人でなければならないのです。

モラハラパーソナリティにとってのパートナーは、自分をよく見せるためのツールであり、「こういう人間は、こういう人をパートナーにする」というイメージ通りの存在であるべきなのです。そして、そのすばらしい人よりも自分の方が勝っていると思える生活を送ること、そのすばらしい人を自分の言いなりにさせることが重要なのです。そのため、もともと弱い人、自分の言いなりになるような人は選びません。

つまり、あなたは、とても魅力的で、自分に自信を持っていて、輝いていたということです。

モラハラの始まり——きっかけ漁《あさ》り

あなたには、「これが相手の不機嫌の理由だろう」「このことを相手が怒ったのだろう」と思い当たることがたしかにあります。それがどんなにささいなことであっても、そのためにあなたは、自分を省みて、改善しようという考えに至ります。

たしかにそれは、相手が不機嫌をあなたに向けるきっかけになったでしょう。しかし相手は、本当はそのことをさほど重視してはいません。

あなたが、「きっかけ」となった原因を改善しても、そのまま放置していても、モラハラパーソナリティの態度は変わりません。不機嫌になりたい時に不機嫌になり、気にしない時は気にしないのです。きっかけに使うだけなので、そのことが改善されるか否かは、相手には関係ないのです。
不機嫌になりたい時には、普通なら問題にしないようなことでも、きっかけにします。それこそどんなことでもいいのです。

さらに、モラハラ攻撃が当たり前になってくる頃には、なぜ怒っているのか、あなたに何をしてほしいのか、相手は明確に示していないことが増えているはずです。あなたが、「たぶん、あのことで……」「以前、このことで怒ったから、きっとまた……」と、ひとりで推測することが増えており、その推測を、相手はガシッと掴んで利用するのです。あたかもそのことで怒っているかのようにふるまうことで、自分のストレスやいらだちを、あなたに受け止めさせるのです。けれど、あなたはそのことに気づきません。

相手は、小さなきっかけを見つけ、あるいはあなたに見つけさせて、あたかもそのきっかけを責めているかのように、ため息をついたり、不機嫌な表情をしてみせたりすることによって、あなたの意識を、まず「不安」にさせます。
あなたは、「なぜ不機嫌になったのだろう」と理由を探ります。「これが原因かもしれない」と、思い当たるものをとにかく見つけようとします。推測であれ、違っているかもしれなくても、原因が思い当たれば、次に自分がどうすればいいかを思い描くことができるからです。

「こんなことで不機嫌になるなんて」「こんなにも怒るようなことだろうか」「自分はここまで言われる筋合いはない。私に原因はないはずだ」と思ったとしても、「ケンカになるのはバカらしい。虫の居所が悪く、当たり散らしているのだろう。そっとしておこう。そのうち収まるだろう」と考え、何も言わずにやり過ごすこともあるでしょう。虫の居所が悪く必要以上に怒ってしまったり、誰かに八つ当たりしてしまったりという経験を、誰でもが大なり小なり持っているので、これがモラハラという攻撃の始まりだとは思いもせず、さほど深刻に考えません。

しかし、相手の不機嫌はいっこうに収まりません。それどころか、「そっとしておこう」と当たり障りない態度をとっているあなたを、「俺をバカにしているだろう」と責めさえします。これは、心の中の葛藤を吐き出す機会をあなたに奪われ、邪魔されているからにほかなりません。

あなたは、相手の尋常ではない怒りを感じ、「やはり、私の何かに対して怒っているのだろうか？」と考えます。「私は何をしてしまったのだろう？」「どうやったらこの怒りが静まるだろう」と考えるしかなくなるのです。そして、相手が不機嫌な態度を見せるたびに、思いつくかぎりの原因・間違いを排除しようとするようになります。

何かをしている最中であっても、相手が帰宅すれば迎えに出る。夕飯の支度は相手が帰るまでに終えるように努め、相手が帰宅する時間が近づけば、おもちゃを出す子どもの後ろを追い回して片付ける。ほこりが少しでも残らないようにと、一日に何度も掃除機をかける。

あなたは、これ以上ないほどに家事を完璧にしようとがんばります。

あなたががんばって排除したことが、相手の不機嫌の理由であったなら、それは収まり、あなたの努力を評価するはずです。ほめることが下手な人でも、態度で伝わってくるものです。

しかし、相手の不機嫌は収まらず、ますます原因不明の不機嫌をあなたに向けてきます。取り除く原因・理由が見あたらなくなり、相手に直接、原因・理由を尋ねても、「自分で考えろ。自分でわからなければ意味がない」などと言われ、不機嫌の理由は明確になりません。

原因・理由を明確にしないのは、相手にも原因・理由がわからない、あるいは原因・理由がないからです。にもかかわらず相手は、あなたに原因探しを続けさせ、不機嫌（心のゴミ）を受け止めさせ続けるのです。

相手は、〝自分の中に溜まっているストレスや怒りをターゲット（あなた）に引き受けさせたい〟だけなのですから、これが原因だろうと思いつくものをあなたがことごとく排除しても、よくなることはありません。必死になって「これで怒るような原因はないだろう」とがんばっても、相手は自分が怒りたい時怒りだします。

始まりはたしかに、思い当たる小さなきっかけがあったかもしれません。しかし、それはあくまでも「きっかけ」であり、それとは無関係な心のゴミを出し始めた相手は、心のゴミを出すために「きっかけ」を探し始め、あるいは作り出し、そして何もなくても吐き出します。

相手によって作り出されたきっかけは、あなたの価値観を揺るがすことさえあります。自分なら怒らない、気にならないようなことを理由に怒っている相手を見て、あなたはますます自分に自信をなくします。

そして、相手の言動が矛盾することも多くなります。あの時これで怒ったけれど、今日は怒らない。あの時、こうしろと言ったのでそうしたけれど、今日は怒っている。あなたが矛盾を相手に伝えても通用しません。

誰でも矛盾した言動をとることはあります。そして、矛盾を指摘されれば、バツが悪くとも、自らそれを認めることができます。しかし、モラハラパーソナリティである相手は、決して矛盾を認めません。あなたが指摘しようものなら、いかに自分が間違っていないかを説き、まるで言葉の魔術師のようにあなたの指摘を封じこめてしまいます。

「いちいち、くだらないことを言うな」「そうやって言い訳がましいことを言って、自分のことを棚に上げるのか」と切り捨てもします。

息が詰まりそうな空気が家中を覆い、あなたは次第に、相手に何も言えなくなっていきます。そうなったあなたは、もう被害者と呼ぶにふさわしい心理状態に陥っているのです。

行動を自制するようにコントロールされる

なぜ、あなたはこれほどまでに自分の思いを言えなくなり、ついには自分を卑下し、信じられなくなってしまうのでしょう。

「密室の暴力」という言葉が、モラハラ・ＤＶによく用いられます。モラハラパーソナリティの相手と生活をするあなたは、知らず知らずのうちに、相手の世界（密室）に閉じこめられているのです。

あなたは知らず知らずのうちに、外の世界と疎遠になり、自分の世界を見失っていきます。しかも、その疎遠は自分が招いたものと信じているのです。


あなたが久しぶりに、友人に食事に誘われたとしましょう。または、職場の忘年会・新年会が開かれることになりました。

パートナーである相手は、「出かけてもいい」と言ってくれました。あなたは安心して出かけます。しかし、あなたが帰ってくると、相手は不機嫌を身体中で表しています。言葉であなたを責めることはしなくても、明らかに不機嫌です。そんな相手を見て、あなたは申し訳なく思います。

もちろんあなたは、相手より帰りが遅くなることも伝え、食事の用意も、加熱すればいいだけにして行きました。相手が帰ってきた時、心地よいようにと、家もいつも以上にきれいに片付けて行きました。しかし、帰ってみると相手は非常に不機嫌です。何がいけなかったのだろうと、あなたはまた、あなた自身の行動に相手の不機嫌の理由を探します。それが、あなたの当たり前の習慣になってしまっているのです。

「何か不手際があっただろうか」「何ができていなかったのだろう」いろいろな理由をあなたは推測します。推測して、不機嫌の理由を排除しなければ、と思わずにはいられないほどの不機嫌を相手は示しています。

「誰もいない真っ暗な家へ帰宅させたからだろうか。相手より遅く帰るなんて、やっぱりいけなかったんだろうか」

普通、大人の関係なら抱く必要のない罪悪感を抱いている自分に、なんの不思議も感じなくなっています。

出かけてもいいと言ったのに、帰るとすごく不機嫌である。そんなことが何度となく繰り返されます。相手の不機嫌な態度を見ると、あなたは不安でたまらなくなります。あなたにとって、相手を不機嫌にさせないことが優先事項になってしまっているからです。

「次からは、相手より先に帰宅するようにしよう」と、あなたは決め、それを守り始めます。

出かけても、相手のことが気になってしかたがありません。相手より早く帰らなければと、時間が気になります。それはまるで、小さな子どもが学校から帰ってくるまでには帰宅してあげなければと思っている母親のようです。しかし、根本的な感情は、子どもへのそれとは異なり、不機嫌になられること、叱られることへの恐怖心があります。

あなたは、久しぶりの友人との食事会や、職場の忘年会・新年会、今までなら楽しいと感じた催しに出かけても、まったく楽しいと感じなくなります。家のことや、相手の機嫌が気になるからです。

そうしたあなたの感情は友人たちにも伝わり、次第にあなたは誘われなくなります。

あなた自身も、出かけても楽しめないし、家のことを完璧にしてから出かけなければと思うと、出かけることがおっくうになり、誘われても断ることが増えていきます。

「結婚して、つきあいが悪くなった」「一緒にいても、ちっとも楽しそうではない」「嫌々来ているのだろう」そうした評価があなたに下されていき、あなたはかつての友人、仕事先の仲間といった外の世界と疎遠になっていきます。

たしかにあなた自身が、〝相手より先に帰る、出かけるなら家のことを完璧にする〟という自分へのルールを決めました。しかしその背景に、相手の態度がそうしたルールを強迫的に決めさせたこと、あなたに相手に対する恐怖心があることを、無視してはいけないのです。

相手は、あなたに「行くな」とは言いません。出かけないという選択は、あくまでもあなたが自主的に下したことになります。しかし、出かけるたびに見せられた態度は「行くな」のメッセージそのもので、出かけることに罪悪感を抱かせるものです。相手は態度で巧妙に、あなたに罪悪感を抱かせるよう仕向けているのです。後にあなたが、「あなたが、行かないように仕向けたんじゃないの」と言っても、相手は平然と答えます。「行くなとは言っていない。それどころか、行っていいと言ったはずだ」と。

相手の態度を見て、あなたが勝手に自分の行動を縛ったと、あなた自身にも第三者にもそう見えるため、やはり、あなたが間違っている、気にしすぎていることになるはずです。

あなたは、相手からの態度による「行くな」のメッセージを受け取り、外との関係を絶っていきます。その結果、あなたと相手との関係はますます密室化していきます。

このように、モラハラパーソナリティである相手は、態度で、あなたの行動をコントロールしていきます。

罪悪感・劣等感が支配の土台にされていく

結婚にはさまざまな形があります。恋愛、見合い、長い交際期間を経ての結婚、出会ってまもなくの電撃結婚、先に子どもを授かってからの結婚、再婚、不倫の果ての結婚。

あなたがどんな形で、どんな成り行きで、どんな結婚のスタートを切ったとしても、モラハラ被害の受けやすさとは関係ありません。また、アダルトチルドレンだから、依存心が強いから、こういう性格だから、モラハラの被害を受けたのだとも、一概には言えません。

被害者として受けた心の傷をケアする段階において、その人の生活歴や性格が回復の道のりに影響を与えることはありますが、モラハラという攻撃にさらされ続けると、どんな性格の人であっても、「自分は至らない人間だ、自分はどうしようもない人間だ」と自分を卑下し、「自分が相手を怒らせている」と、自分に原因を見いだすようになります。そして、「モラハラ被害者は依存心の強い人である」と言わしめ、モラハラパーソナリティとの関係において共依存体質に陥り、そこから抜け出せなくなってしまいます。

共依存とは、自分と相手とが過剰に存在に依存し合っている関係性を言います。モラハラパーソナリティは、モラハラをする対象として被害者に依存しており、被害者はモラハラを受け続けることによって過度にモラハラパーソナリティの相手がいないと生きていけないと思わされ、相手の存在に依存していると思いこむ、共依存状態にはまりこんでしまうのです。

どんな人であっても、必ず一つや二つ、自信のない部分や変えたい部分を持っています。「あんな人になりたい」という憧れも持っています。モラハラは、そうした思いを利用するマインドコントロールとも言えます。

モラハラパーソナリティの相手は、あなたにどんなことを言えば、どんな部分を責めれば、「自分に至らない点があるからだ」「自分が変わらなければいけない」と思うかを知っています。

「怒るのも大人気ない」「こんなことで怒る方がおかしい」とあなたは思い、初めは攻撃と捉えずに、相手の言動を受け止めます。

相手が頭ごなしに攻撃的な言葉を使えば、あなたは、相手に不快感を示したり、怒ったりすることができ、そんなふうに言われる筋合いはないと感じることができます。しかし相手は、いかにもあなたのためであるかのように、また、あなたが攻撃されているとは感じないような冷静な口調で、あなたの弱点・欠点を指摘し、それを繰り返すことによって、あなたの意識にじわじわと、罪悪感と劣等感をすりこんでいきます。それらは、あなたにとって弱点や欠点でないこともあります。本来のあなたの良い部分や、別にとがめられる必要のないことまで、冗談めかしてからかったり、弱点や欠点であるかのように言ったり、あなたにがっかりさせられた、傷つけられた、などと言ったりしては、あなたの劣等感・罪悪感を揺さぶります。

「たしかに私には、言われてもしかたない面がある」

あなたは相手の言動を素直に受け止め、反省します。そして、一生懸命、自分を変えようと努力しますが、相手は決してその努力を認めることはせず、ただ、責めるばかりです。

相手は、あなたに変わってほしくてアドバイスしているわけではなく、あなたが気にしていて、聞き入れてしまう部分を攻撃材料として使っているに過ぎません。

「私は、こう思う」「私は、こんなふうに感じている」

あなたは、相手に自分を理解してもらい、よりよい関係を築こうと、自分の思いを相手に懸命に伝えようとしたはずです。しかし、相手には聞く耳がないので、あなたの話を無視したり、鼻で笑ったり、あるいはバカにしたりします。自分の考えを押しつけるなと、怒ることもあるでしょう。

あなたは、自分の伝え方が悪いのだろうか、自分の考え方がやはり間違っているのだろうかと、ここでも、自分自身の問題点ばかりを追求してしまいます。そして、なんとか相手にわかってもらいたいと必死になり、ついには声を荒げてしまう。すると相手は、そんなあなたを見て、また責めるのです。

「何をムキになっているんだ。お前はやっぱりおかしいな」と。

四六時中、責められ続けると、人は、自分を信じることができなくなってしまいます。あなたは劣等感に包まれ、相手が言うように自分を変えられないと、罪悪感に囚われてしまいます。こうなると、モラハラ被害者としての土台がかなりできあがったことになります。

後ろめたさや後悔を利用される

私がかかわったクライアントの中に、ひどいモラハラ攻撃を受けていて、しかも、相手の言動がモラハラというものらしいと考えるようになってからも、「それでも自分が悪い、自業自得だ」と言い続ける人がいました。執拗で巧妙なモラハラ攻撃を受け続けている人の中には、モラハラというものを知っても、また、モラハラパーソナリティから離れても、自分ばかり責める人たちがたくさんいます。そうした人たちの話をじっくり聞いてみると、必ず、自分が悪いと思いこむ背景に、自分が抱えている後ろめたさ、後悔が存在しています。

「自分が悪い」と、必要以上に思ってしまう傾向は、モラハラ攻撃を受けた人すべてに見受けられるものですが、この後ろめたさや後悔をモラハラ攻撃の材料に使われてしまうと、ダメージは大きくなります。

あるクライアントは、舅《しゅうと》が亡くなったことによりひとり暮らしとなった姑《しゅうとめ》との同居問題を夫と話し合う時、「できれば同居はしたくない」と、正直に自分の思いを夫に伝えました。自分の思いを伝えたうえで、同居することになったら、協力し合おうと考えていました。

結局、同居することなく、姑が亡くなりました。すると夫はことあるごとに、「お前のせいで母親は孤独に死んでいった。俺はお前の意見を尊重したが、それは間違いだった。お前は俺の母親を見捨てた冷たい女だ」と言い始めました。

姑が亡くなった後は、不機嫌になったり、何かをきっかけに怒りだしたりすると、最後には、「お前は冷たい女だから」「お前には血が通っていないものなあ」と、姑の話を出すようになったと言います。姑の話を出されると、彼女は何も言い返せなくなってしまいます。

その責めは日に日にエスカレートしていき、攻撃はどんどんひどくなり、土下座の要求さえしたそうです。「俺だから、お前みたいな奴でも我慢してやっているのだ」と言い、「申し訳ありませんでした。こんな私ですが、よろしくお願いします」と言わせもしました。明らかにいきすぎた行為です。しかし彼女は、夫にどれだけ暴言を吐かれても、ひどい仕打ちをされても、「私は姑に対してひどい仕打ちをした。私の自業自得なのだと思った」と言います。

「土下座を強要されるようなことかしら」と、私が尋ねると、彼女は首をかしげます。

客観的に見れば、ここまで言われたりされたりするのはやはりおかしい、と思うような攻撃の度合いになっていても、彼女はなんの疑いもなく、それを受け入れ、自分が悪いのだからと思うようになっていたのです。

姑との同居・別居問題も、「同居したくない」という思いを彼女が伝えたとはいえ、ふたりで決めたはずです。夫が彼女の意見を尊重したとしても、尊重することを決めたのは夫です。夫が母親との同居を希望しているなら、彼女と話し合えばよいわけですが、それさえなかった。それなのに、夫は彼女だけを責め続けるのです。執拗に、繰り返し繰り返し……。

謝罪や土下座を強いられても、「自分が悪いのだから」と受け入れてしまった。そうすることで、何時間も続く攻撃を終わらせたい、その場をなんとかしのぎたいという思いがあったでしょう。

モラハラ攻撃は、その場をなんとか取り繕いたい、苦痛の時間を少しでも早く終わらせたいという思いから、被害者が黙って受け入れしまうという側面も持っています。

彼女は後悔と後ろめたさを攻撃に利用されており、自責の念が、必要以上に強められていますので、土下座までも受け入れてしまう。相手の世界の中に鎖でがんじがらめになって捕らわれている状態です。

彼女が、もう少し早い段階で誰かに相談していれば、自分だけを深く責めることを少しは避けられたかもしれませんが、彼女自身、「自分は、年寄りに寂しい思いを強いた冷たい人間である。自分は人格的に問題があるのではないか」といった後悔と後ろめたさを持っているため、第三者に相談しにくかったのでしょう。

誰にも相談せずに、攻撃を受け続ける。そんな日々を繰り返すうちに、自分はこうまでされても致し方ない人間である、自分だけが悪い、と強く信じるようになっていく。私のカウンセリングルームを訪れた時、彼女は自分の言動にまったく自信がなく、自分自身を徹底的に嫌っていました。

姑との同居を拒んだことは、実は、モラハラパーソナリティの加害者にとっては焦点ではありません。そのことに対して抱いている被害者の後ろめたさや罪悪感を、支配するために利用しているのです。それを責めれば、彼女が自分のイライラを黙って引き受けることを知っているのです。

初めのうちは、「母は寂しい思いをしていただろうなあ」「一緒に暮らしてほしかっただろうなあ」という、自分の中の寂しさや自責の念が漏れ出ているかのような言葉だったでしょう。そのため彼女も、「この人は、お母さんのことを心配していたんだなあ」「お母さん、寂しかっただろうなあ」と、その言葉をいたわりをもって受け止めます。

モラハラパーソナリティのこうした態度は、彼ら自身の悲しみや、自責の念、自分をいたわってほしい、自分は寂しい、といった意思表示であることは確かです。しかし彼らは、自分にとって重くつらい感情、認めたくない結果や後ろめたさにつながる出来事は、自分が招いたものではない、自分は間違っていないと信じようとします。しかし実際には、つらさや後ろめたさを簡単に排除できるものではありません。そのため、すべての責任を、ターゲットとなった妻になすりつけたのです。

「お前の意思を尊重したばかりに」。まるで子どもが、自分のしでかしたことを、〇〇ちゃんのせいだ、と責任をなすりつけているかのように。

日常の中で、性格や癖を責められ、「自分はどんくさい。何をやってもダメな人間だ。自分は愚かなのだ。自分は考えなしなのだ」と、自分の人格を、じわじわと自己否定させられてきた被害者は、さらに後ろめたさや後悔を攻撃の材料に使われることによって、相手の言動のおかしさ、異様さに気づけなくなり、それらをまともに受け止めてしまうようになるのです。

後ろめたさや後悔、自分が気にしている部分を責められると、人はたやすく心を支配されてしまいます。

こうしたモラハラ行為によって、自信をすっかりそぎ落とされてしまったあなたは、モラハラ行為から解放されても、なかなか自分に自信が持てず、自分の価値観を信じられず、その後の生活でもずいぶんと悩むことになります。

後ろめたさや後悔を巧妙に使われ、一切合切を自分のせいだと思いこんでしまっている被害者の心をケアしていくには、「自分ひとりで背負う必要がないこと」「相手がすべての責任を自分になすりつけており、それを一切認めようとはしないこと」という現実を認識する作業からスタートすることになります。

なんでも攻撃材料にされ、貶められる

自尊心が低い。自信がない。起こった出来事の原因はすべて自分にあると思いこむ。完璧主義に陥る。怒りや悲しみの感情を抱いても、素直に表現できない。それどころか、自分が怒っている、傷ついていることにさえ気づかない。精神的に不安定になりやすい。モラハラ被害者にはこういった特徴があります。それらは、そもそも被害者が持っていた性質・特質であり、被害者の性格に問題があるのでは、と思われがちです。

被害者の大半は、もともと、そういう性格だったわけではありません。モラハラを受け続けたことにより、そうなったと言えます。被害者の性格を、被害者の持っている価値観などを使って、時間をかけて変えていくモラハラ攻撃。加害者がモラハラ攻撃を始めるために使うきっかけは、その人の「マイナス」とは限りません。

先に述べた姑との同居問題のケースでは、被害者が持っている価値観がモラハラのきっかけとなっています。

彼女は、「(姑は) ひとりで暮らしていて、寂しいのでは」と思っていました。「あの時、同居してもいいよ、と言ってあげたらよかったのだろうか」という思いが頭をよぎることもあったでしょう。彼女が本当に冷たい人であれば、そんなことを思いもしないはずです。彼女が優しいからこそ、罪悪感を抱くのです。そして、そんな彼女の優しさを利用して、相手は責め続けた。

このケースの場合、相手も罪悪感や後ろめたさを持っています。それを自分では引き受けきれず、また引き受けたくなくて、すべてを彼女に投射し、自分を守っていると考えられます。自分の心の問題を相手にすべて引き受けさせるわけですが、彼女が罪悪感や後ろめたさを抱かない冷たい人であり、他人の気持ちなど考えない人であったなら、このモラハラ攻撃は成立しなかったでしょう。

自分と向き合うことは、人が成長していくうえでとても大切なことです。自分の弱点や欠点を見いだして、人は成長していきます。もちろん、自分の長所もしっかり認めることで、人としてバランス良く成長していきます。

しかし、モラハラパーソナリティの世界に取りこまれた被害者にとって、「自分と向き合う」力は、モラハラ攻撃をする材料にのみ使われてしまうことになるのです。

弱点や欠点は、それに対する罪悪感や自己否定感を増幅するために利用され、自分の長所を認める心は、鼻で笑われたり、おごっていると言われたりして、そぎ落とされていきます。

こんなふうに生きたい、こんな自分になりたいという夢は、それがくだらないことであるかのようにバカにされたり、できるはずもない夢を抱く身の程知らずだと言われたりします。

また、一見、夢の実現を応援しているかのように思わせながら、協力的な行動はせず、諦めたり失敗したりするよう、態度で邪魔をすることもあります。

モラハラパーソナリティとの生活で夢を持ち続けるには、かなりのエネルギーが必要です。多くは疲れ、諦めてしまいます。そんな時、被害者であるあなたは、「やはり彼の言うとおり、私にはできなかった」と自分を責め、モラハラパーソナリティである相手は、「だから言っただろう。君には無理だと」と言うのです。

あなたの持っている「苦手意識」も、相手にとっては、モラハラを始める都合の良いきっかけの材料のひとつです。

たとえば、あなたに「料理が得意ではない」「家事は苦手」という意識があったとします。あなたは、苦手なことを指摘され、責められると、相手の話に耳を傾け、受け入れます。

「お前は本当に料理が下手だなあ」「家のこともろくにできないのに、仕事が務まっているのか？」

相手は、あなたに料理が上手になってほしい、家事をうまくこなしてほしいと思っているわけではありません。もしそうなら、あなたの努力や向上心を手助けし、応援するはずです。モラハラパーソナリティは、本人が苦手だと感じていることを指摘するだけ指摘して、劣等感をあおり、あなたを放置します。

あなたは、自分で認めている弱点であるため、「彼の言うとおりだ」と、言い返せません。それどころか、自分のために言ってくれているのだから、もっと努力しようと考えます。

あなたは、一生懸命料理を練習し、家事をこなそうと努力します。しかし、そんな努力は相手にとっては「どうでもいいこと」。あなたの努力は、相手に認められることはありません。評価されることもありません。評価されない努力ほどむなしいものはないでしょう。

「少しは努力を認めてほしい、少しはほめてもらいたい」と、あなたが相手に言おうものなら、「ほめるような結果を残していない」「そんなことを言っているようじゃ、ダメだね」「君には謙虚さがないよね」などと言われてしまいます。あなたは、評価を求めた自分の方が恥ずかしいとさえ感じるのです。

釣った魚にギリギリの餌をやる

「釣った魚に餌はやらない」という言葉があります。モラハラパーソナリティは、自分のために魚に餌を与えます。餌を与えずに、魚が死んでしまってはなんにもならないからです。愛情をこめて餌を与えるのと、死なれては困るので餌を与えるのとでは、大きな違いがあります。ただ、「死なれては困る」というのを愛情だと信じようとする人もいますが。

子どもが大きな魚を釣って、誇らしげに家に持ち帰る。僕ってすごいだろうと、水槽に入れて自慢する。しかし、魚への愛情はないし、面倒くさいので、ほったらかしにして弱らせてしまう。死にかけているのを見ると、友達が遊びに来た時に、「大きな魚を釣ったんだ」と自慢できなくなったり、魚を育てられないと思われたりしたくないので慌てて餌をやる。

被害者が「(相手には) 優しい時もあるのです」と語るのを聞くたびに、私にはいつもそんなイメージが浮かんできます。

あなたが相手の言動に我慢の限界を感じ、死にかけて相手から離れようとする。そんな時、相手は慌ててあなたに餌を与えます。つまり、優しくするのです。

彼らモラハラパーソナリティの言動は、子どもの言動に変換することが可能です。自分のストレスや葛藤を誰かになすりつける方法をとる幼さと、年齢や学習レベル(学歴や地位)の高さは関係ありません。モラハラパーソナリティの彼らがいかに高学歴で、地位の高い職業に就いていても、モラハラという葛藤処理方法を使う精神年齢は幼いと言えます。とはいえ、本当の幼さではないので、幼い子どものように扱えばうまくいくというものではありません。たいていのモラハラパーソナリティは、他の処理方法を知っています。知っているにもかかわらず、あえて、モラハラという手段を選んでいるのです。それは見逃せません。

彼らはまた、自分が大人であると思っています。その大人が、自ら幼い葛藤処理方法を選んでいるわけです。その楽さ、快感に浸った彼らは、まずモラハラをやめません。

多くの被害者もまた、相手の言動を大人としてのものだと信じ、大人からのアドバイスや忠告、教えであると受け止めます。その結果、ふたりの間に力関係が構築され、加害者―被害者と呼ばれる関係になっていくのです。

自分のしたいことを諦めてしまう

人は自分の人生を生きるために生まれてきたはずです。しかし、人生丸ごとが加害者・モラハラパーソナリティの所有物であるかのようになってしまい、相手のイメージ通りの生活が展開される世界では、被害者であるあなたの夢は無用のものとなります。

あなたは、自分を向上させたいと思っている。何か勉強したい、資格を取りたい、仕事に出たいと考える。結婚している人であれば、相手に協力してもらわなければならないことも出てくるでしょうし、いろいろ相手と相談する必要が出てきます。

しかし、相手がモラハラパーソナリティであった場合、あなたの変化はモラハラパーソナリティを脅威に陥れます。

自分のイメージ通りの生活も送れなくなる。徹底的に邪魔をしたい。しかし、相手はとても外面が良い人。外では良い人と思われたいタイプの人間です。頭ごなしにあなたを拒否したり邪魔をしたりするのは、イメージ的にもよくありません。

モラハラパーソナリティは、すてきな人を選んで自分のパートナーにし、そんな人と結婚している（つきあっている）自分、そんな人が尽くす自分はすばらしいと思いたい人です。そう言うと、次のような疑問を持つ人がいるかもしれません。「周りに良く思ってほしい人ならば、自分のパートナー（被害者）ががんばって向上し、活躍すれば、さらに自分の価値も上がると考えないのですか？」

たしかにモラハラパーソナリティの相手は、すばらしい人をパートナーに選び、その人を自分のテリトリーに置き、自分のために使うことによって、自分が偉くなったような錯覚を得ていると考えられます。自分に自信がない相手には、「自分の持っているもの（高級車やブランド品、そしてすてきなパートナーの被害者も）」で自分の価値を高く見せようとする心理（同一化、補償）が働いているわけです。自分のテリトリーにすばらしいあなたを置いた後は、自分にとって扱いやすい存在でなければ不都合です。一般的なカップルなら、パートナーががんばっていたり活躍したりすれば、あなたが刺激を受け、自分もがんばろうと思うでしょう。しかしモラハラパーソナリティの相手は、あなたが活躍すればするほど不安になり、自分の劣等感を刺激されます。

相手は、自己イメージと本当の自分とのギャップを個人的努力で埋めてこなかった人です。「自分より劣っているべき相手（あなた）」のために、自分が労力（協力したり、自分も一緒にがんばったりすること）を強いられるなんて、もってのほかだと考えます。

また、あなたが家の外に目を向け、新たな視点や価値観を身につけると、自分の思い通りに操れなくなり、あなたとの間にせっかく構築した優位性が壊れてしまうことを知っているのです。

自尊心と自分にとっての快適な環境を守るために、モラハラパーソナリティはあなたの邪魔をするのです。

「家のことができなくなるのではないか。そのことで迷惑をかけないでくれよ」と、相手は、反対はしないけれど、協力はごめんだといった意思表示をします。

あなたは、「相手の言うとおりだ。何か始めるなら、迷惑をかけないようにしなければ」と思います。これは、誰でも抱く感情です。お互いが協力し合い、相手に与える影響を考え、相手との生活を尊重しながら、自分の生き方も大切にするというのは、共同生活には不可欠なことですから。

しかし、モラハラパーソナリティである相手は、「迷惑をかけないようにしなければ」というあなたの思いを大いに利用します。あなたの気配り・配慮といったものを利用して、マインドコントロールと言えるモラハラ攻撃を展開することになるのです。

あなたは、家事と、習いごとや仕事とを両立してみせると張り切ります。必要以上にがんばります。そんなあなたに、相手はことあるごとに、「（仕事や習いごとは）お前が勝手にやっているのだから、家のことはおろそかにしないでくれよ」と言い続けます。

あなたは、できうるかぎりの努力をする。しかし、その努力が相手に評価されることはありません。それどころか、支障が出ているわけではないのに、ささいなミス、ちょっとした手抜き（これは、両立させるための工夫でもあるのですが）を拾い上げては、大きなため息をつきます。不機嫌をまき散らし、無言の態度で、あなたを非難します。

これまでずっと述べてきた、モラハラのマインドコントロール手法ですね。

相手に迷惑をかけてはいけない。自分が勝手に始めたのだから、家のことは完璧にこなさなければという思いを、あなたはますます強く抱くようになります。

相手は、当然、協力的ではありません。それどころか、あなたが出かけようとしている時に、わざと用事を言ってきたりします。気が向いて、一度でもあなたに協力しようものなら、いつも手伝ってやっているかのように、あなたにも周囲にも自慢します。自分のしたことは過大評価するのが彼らの特徴でもあります。

そして対外的には、あなたが勉強したり働きに出たりすることを許す、物わかりのいい人と思われようとします。「いやあ、大変ですけど、本人がやりたいって言うものですから……（笑顔）」と。

対外的には、このような言動をとることができるのです。

あなたは、家事と自分のための行動（学びや仕事）との両立の中でささいなミスをしてしまいました。

たとえば、出かけている間に雨が降ってきて、干していた洗濯物の、相手が明日着ていくと言っていた服が濡れてしまった。すると相手は、ここぞとばかりにあなたを責めます。あなたは強迫観念じみた完璧主義に囚われたあげく、自分がこんなことさえ始めなければ、しんどい思いをしなかったのにと、自分の夢や向上心を責めるようになります。そして、仕事や学びをやめてしまう。自分のために何かをすることをやめてしまうのです。

そんなあなたを見て、「そらみたことか。どうせ続きっこないんだ」と、相手はあなたを笑います。続かなかったという結果を心に重く受け止めたあなたは、自分への否定感情を深めていきます。

相手の攻撃にへこたれず、パーフェクトにすべてをこなしてしまう人もいるかもしれません。すごいことです。しかし、孤軍奮闘し続けることに疲れてしまうか、そうでなければ、きっとモラハラパーソナリティ相手との生活空間以外の場所に、自分の居場所を見つけることでしょう。

モラハラパーソナリティとの生活の中で、パーフェクトにすべてをこなし続けたとしても、心は傷ついていきます。この傷は、その人の生き方に大きな影響を与えることがあります。

異常なまでに完璧主義を実行した人は、他者にもそれを求めてしまう。それも影響のひとつです。

自分の生き方を諦めてきた被害者は、自分に自信が持てず、モラハラパーソナリティから離れた後も、その影響に悩み続けます。物事を決める時や行動を起こす時、相手の許可を得、相手の言うとおりに行動しなければならない、自分は何もできない人間なのだから、と思っています。

「自分はどうしたいのか」「自分は今、何を考えているのか」という自分を中心にした考えを、被害者は見いだせなくなってしまいます。

後に、自分がモラルハラスメントの被害者であったことに気づき、あれが暴力の手段であり、自分はその影響を多大に受けてきたと自覚してからも、自分の生き方を自分で切り拓いていく力を取り戻すのに、かなりの時間が必要となります。個人個人、その時間に差はあるでしょうが、何年も、何十年もかかる人もたくさんいます。

自分で物事が決められなくなっている

モラハラ攻撃を知ったあなたが、相手から離れる選択をしようとする時、モラハラ攻撃から受けた影響が顕著に現れます。

「彼から離れて、私に何ができるというのだ。仕事だって続かなかった。資格だって何一つ取れていない（持っていない）。経済的に自立できるはずがない。彼がいないと私は生きていけない」とそこにうずくまり、行動する気力さえ失ってしまった被害者に、私はたくさん出会ってきました。

彼女たちは自分の力で生きていけるという発想を持てなくなっているのです。

今からでも資格を取得し、どんな仕事からでもスタートして、自分を再び作り上げていくということがイメージできないのは、自分を信頼できなくなっているからです。

モラハラパーソナリティは、後で問題が起こりそうであったり、決定する責任が重すぎたりする場合、物事の決定を被害者に任せようとします。それは、本当の意味で任せているわけではなく、自分の望む決定を被害者が下すように仕向けています。これも、モラハラ独特のコントロールです。

「どう思う?」「お前はどうしたい?」と、あなたの考えを尋ね、尊重しているかのような言葉かけをしますが、あなたが自身の意見や選択肢を述べると、自分の思っていたものと違うと必ず否定します。

あなたは、相手が何を考えているか望んでいるかを推測しながら、自分の意見・選択肢に変化を加えます。相手は、自分の思いと一致するまで、あなたの意見・選択肢に口を挟み、否定し続けます。最終的には、あなたの意見・選択肢は、あなた自身のものではなく、相手の思い通りのものになっているのです。

その意見や選択肢は、あなたのものということになってはいますが、実際には相手が決めたと言っていいでしょう。ただし、その決定によって不都合が生じれば、当然、あなたの責任とされます。

仮に、物事がうまくいき、周囲に評価されれば、相手は自分の手柄とします。

あなたには、自分の意見を相手が聞き入れてくれなかったという自覚はありません。

先に紹介した姑との同居問題ケースを例にとって考えてみましょう。

「同居したくない」という正直な思いを、被害者が言葉にしていましたが、実は、それを引き出すようなやり取りが夫婦間であったのです。

「お前はどう思う？　正直に話してくれ」「同居したら気を使ってしんどいと思っているんじゃないか」「母親もまだ元気だしなぁ……」など。

そして、最終的に「同居したくないお前の意思を尊重する」「同居をしない決定をしたのはお前だぞ」と夫は言うのです。これは、同居しないという決定を下したのはお前だとすることで、自分が抱いている後ろめたさや、その後起こる問題をすべて被害者に引き受けさせるためです。

たとえば、あなたが「あなたの思い通りにしたんじゃない！　あなたが望んでいることを私は一生懸命くみ取ったのよ」と相手に言ったところで、「俺がそうしてくれと言ったか？　俺の心の中がわかるなんて、お前は超能力者か？　俺はそんなことは思っていなかったぞ。お前が勝手にそう思っただけだろう」「そうやって俺に責任転嫁をするのか」と言われてしまいます。そう言われると、あなたは何も言い返せないのです。

彼らモラハラパーソナリティは心理操作のプロではないのかと思うほど、巧妙に、自分の思い通りの決定へと誘導していきます。被害者の口から自分のイメージ通りの内容が提示されるまで、不機嫌であったり、口出しを続けたりして、自分のイメージへイメージへと誘導していくのです。

自尊心と自信をなくしていく

自尊心がある人は、自分の考えや価値観を持っており、それを尊重することができます。自分とは違う考えや意見の内容を判断する時、自分の考え方と比べますが、相手の考えや価値観を軽視したり無視したりせずに、尊重することもできます。

自分も他者も尊重できるということは、無条件に自分の意見を相手に押しつけたり、逆に相手の意見を無条件に優先させたりしないということです。自尊心があり、他者も尊重できる、バランスの取れた状態と言えます。

パーフェクトな人間は、まずいません。どんな考え方や行動にも、弱点や失敗はあるものです。それに気づくことができ、自分を向上させよう、改めようと思える人は、自分を信じることのできる、自尊心のある人です。

しかし、「お前はバカだ、お前の考え方はおかしい」「何をやってもダメな奴だ」と言葉で攻撃され、失笑され、無視され、自分の生き方や選択が常に誤っていると思わされる生活が続くと、自信をなくし、自尊心を失っていくのは当然と言えるでしょう。

そうなると、客観的に相手の意見を受け止められなくなり、全面的に受け入れたり、逆に相手のものを全否定したりするようになってしまうのです。

あなたは、容姿、体型、ちょっとした仕草、自分ではわからない匂い、おしゃれや趣味などのセンス、学歴や仕事の内容、そして性格など、あらゆることを、日々の生活の中で相手からけなされ続けます。欠点でないことでも、あたかも欠点であるかのように思いこまされていきます。

弱点や欠点がない人はいません。あなたが自分で欠点と思っていることも、使い方次第で長所になり得ます。相手は、あなたが認めている欠点だけでなく、長所さえも、欠点と言い切ります。

相手の攻撃は、非常に巧みです。「お前の笑い方が気に入らない。そう思っているのは私だけではないだろう」「お前の回りの人は、気の強さにうんざりしているだろう」「お前の考えに、皆、呆れているよ」などと、他の人間もあなたをバカにしているだろうと言って、攻撃の「信憑性」を高めようとします。

相手が周囲から情報を集めたわけではありません。しかし、自信をなくしているあなたは、そう言われることで、友人、知人、周囲の人間のちょっとした仕草や言葉を、相手の言葉を裏付けるものとして捉えてしまうのです。「彼の言うとおりかもしれない。この人は私を嫌っている。うんざりしている。呆れている」と、周囲の人の仕草や言葉を、相手の言葉を信じる材料にしてしまうのです。

元は自尊心が高く、自分をきちんと評価していた人であっても、親以外の近い存在（モラハラパーソナリティである相手）が言うのだから、自分にはそういう面があるのだろう、相手は自分に直すべき点を教えてくれているのだと、あなたは、相手の言葉を「善意」に捉えようとします。一般的には、こうした受け止め方は「前向き」とされ、関係性を歪めないためにも必要です。

しかし、モラハラパーソナリティとの関係は、そもそも歪んでいます。相手の言葉は、あなたのためにかけられるわけではありません。あなたは、大人が意味もなく言いがかりをつけてくるとは思えず、相手の善意を信じようとするのです。そして、攻撃が執拗に繰り返されるうちに、自尊心がどんどんそぎ落とされていくのです。

あなたがしなければならないのは、モラハラパーソナリティの相手の言動を客観的に捉えること。その信憑性を正しく判断できるようになることです。相手以外の人の考えを聞くのもひとつの方法ですが、第三者の考えはあくまでも、自分の考えや価値観を取り戻すための参考資料にしてください。あなたには、他者の意見に依存してしまう癖がついています。そのことを意識し、第三者の言葉を鵜呑《うの》みにせず、自分で正しく評価できるようにすることが大切です。

パーフェクト幻想・完璧主義に陥る

仕事から帰ってきた相手は、何かをきっかけに怒りだします。相手が怒るのは、ただ怒りたいからです。

相手は毎日、不機嫌になり、怒りだし、日によっては延々と何時間も愚痴を言い続ける。あなたにとっては苦痛の日々です。あなたは、怒られないように、相手を不機嫌にさせないようにと、一日中、相手が怒り出すかもしれないきっかけとなりうる「何か」をなくそうと努めるのです。

いったいそれが何なのかは、あなた自身にもわかっていません。

そのため、相手が帰ってくるまで何度も掃除機をかけ、幼い子どもの後を追いかけまわして、散らかすのを片付けます。

しかし、完璧だと思えても、相手は不機嫌になりたい時にはなるし、怒ります。

相手は、モラハラをする必要のない日（心が落ち着いている日）は怒りません。帰宅寸前に子どもがおもちゃを散らかしてしまい、あなたが慌てて片付けている最中に相手が帰宅。以前、同じ状況でこっぴどく怒られたあなたは、心を縮めて身構えます。しかし、相手は知らん顔して通り過ぎます。

あなたは、つかの間の平穏に胸をなでおろし、この奇妙さに気がつきません。

あなたは、ひたすら毎日、相手を怒らせないように、不機嫌にしないようにと完璧を求めて努力し続けます。相手が帰る頃には、「きちんと片付いているだろうか。何か、相手が不機嫌になるようなミスはしていないだろうか」と気持ちがピリピリしてきます。

強迫観念に囚われたかのように、パーフェクト幻想・完璧主義に支配されていきます。

「完璧を必死で追い求め、周りが見えなくなった」と、ある被害者は語りました。「そんなに無理をしなくても」「とってもきれいなのに、これ以上どこを掃除するの」と友人たちが言おうものなら、彼女は腹立たしささえ覚えたと言います。

「掃除中にまとわりついてくる小さな子どもを叱りとばしたこともあった」「片付けている横でおもちゃを出してくる子どもを必要以上に叱ったこともあった」と語ります。「虐待と呼ばれるような叱り方だった。完璧を目指すために、時間もエネルギーも何もかもを費やした」と。

ある日、掃除機をかけている時に、緊張の糸が切れ、彼女は座りこんでしまいます。掃除機の音が部屋に響き渡っているのですが、彼女は立ち上がれず、掃除機の柄を握ったまますっと座りこんでいたと言います。その傍らで、小さな子どもが、母親の異様な雰囲気を察して泣いていましたが、抱き上げることもできなかったと言います。

その後、彼女は心療内科で〝うつ〟という診断を受けました。当時、うつの原因は、彼女の「完璧主義」にあると言われました。原因は彼女にあるというわけです。

モラハラは見えない暴力です。その暴力を暴力と認めないままに、暴力を防ごうとして被害者は完璧を求めるのです。しかし、被害者、すなわちあなたが、どう完璧に近づこうとも、相手は完璧を求めているわけではないので、きりがありません。それでもあなたは、自分さえきちんとすればと必死になっていく。そして、完璧主義に苛まれたあなたの心は、いつか破裂してしまうのです。そしてうつ状態になっても、あなたは、なぜ自分がそうなってしまったのか、原因には気づきません。それどころか、うつ状態になった自分を責めるのです。相手も、自分は迷惑を被っているといった態度であなたを責めます。

相手から離れた後も、あなたは罪悪感と、癖がついてしまった完璧主義に悩まされることになります。相手と離れてからの生活の端々で、その影響が出てくるのです。

完璧を求めて突き進み、それができなければ自分を必要以上に責める。自分はダメだと無気力になる。なかには、モラハラパーソナリティと同じように、完璧にできないのは周りが悪いからだと責任転嫁し、周りを責める被害者もいます。

モラハラ生活の中で失った自尊心を少しでも早く取り戻そうとするあまりに、現状と心の復帰状態とのギャップを認められず、モラハラパーソナリティと同じ方法で自分を取り戻そうとしてしまうのです。

モラハラパーソナリティではない被害者は、いつかは自分のやっていることに気づけるはずです。ただ、この方法を、心を守る手段として常用してしまい、心のケアをないがしろにすると、かつての被害者がモラハラ加害者になってしまう、後述する「被害者の加害者化」につながっていきます。

周りに自分のことを話せなくなる

被害者の多くは、自分が被害に遭っている時期に、友人にそのことを相談したりできなくなっています。

被害者は、モラハラパーソナリティの相手の態度によって行動を制限されています。その結果、実家や友人と距離を置くようになり、自分のことを話さなくなります。

モラハラパーソナリティとの生活を維持したい、維持しなければと考えている被害者は、第三者の意見を聞かないようになるわけです。

誰かに自分の現状を話して、パートナーに対する否定的な意見を聞いてしまうと、自分の中にあるパートナーへの不信感を確信し、共に居続けることができなくなる。それを心のどこかで感じていて、第三者に話さなくなっていくのでしょう。

友人や第三者には、自分が幸せであることをアピールしたい。だから、笑い話で済ませる程度だと自分に言い聞かせて話したところ、「それって、おかしくない?」と友人に言われてしまった。

すると被害者は、必死でパートナーをフォローしようとします。

そして、友人との関係を疎遠にすることを、被害者自身が選んでしまうのです。


話す相手が親であっても同じです。

親は、ときには我が子をたしなめることもあります。我が子に、簡単に離婚してほしくないと思っている親は、我が子の愚痴に対して、「あなたの我慢が足りないのではないの?」「あなたはわがままなところもあるからねえ」などと助言したりします。被害者は、親から返ってくる言葉を予測し、自分がつらくなるので、次第に話さなくなります。

逆に、「それは相手が悪いわ!」と、親が我が子に同調して、一緒になって怒っても、まだ離婚を考えていない段階にある被害者は、パートナーに対して親が悪い印象を持っては困ると、やはり話さなくなってしまいます。


心が追いつめられ、誰かに相談したいと思った時、あなたは、いまさら相談なんてできないと思ってしまいます。また、あなたは相談できる人たちと疎遠になってしまっています。自分から疎遠になったという思いがあなたにあるため、友人になかなか連絡を取ることができません。

一般的には、親しい友人と頻繁に会えなくても、友情は維持できるものと考えます。久しぶりであっても、連絡を取れます。しかしモラハラ被害者のあなたは、モラハラの影響で自分に自信を失っており、いまさら連絡しても、友人は自分のことなど見向きもしないだろう、呆れられてしまうだろうとも考えてしまいます。

自分の生きづらさに気づいて、ひとりで苦しみ続けるあなたはどんどん暗闇に追いこまれていきます。

周りと疎遠になっていく

モラハラパーソナリティである相手は、自分の価値観やイメージと違うもの、特にあなたのものを自分のテリトリーに持ちこまれることに不快感を示します。その表し方は、自分が不快だから、ではなく、あなたの考え方がばかげているから、という形をとります。

あなたは、相手との関係を少しでも円滑にしたい、家庭生活を維持したいという思いから、相手の価値観を懸命に受け入れようとします。その過程で、あなた自身の価値観は、ことごとく否定されていきます。

モラハラ攻撃によって、あなたが持っていた世界は奪われていきます。

実家、友人、仕事仲間と、あなたはどんどん疎遠になっていきます。相手から「会うな」と言われるケースもありますが、多くは、あなた自身が会わない選択をするように仕向けられます。

実家に帰る、友人に会う、仕事先の食事会に出かける。あなたの行動に対して、相手は直接的には否定しませんが、不機嫌や愚痴という形で「否定」の意思をあなたに投げかけます。帰宅が遅れたり、夕飯の支度が間に合わなくてお総菜などで間に合わせたりすると、「遊びに行くなら、家のことはちゃんとしろよ」「総菜なんて添加物も多いし、子どももまともに育たない」などともっともらしいことを言い、不機嫌になります。あなたは素直に相手の話を受け止め、出かけることに罪悪感を抱いていきます。

また、外出先での楽しかった出来事を話そうとすると、「こっちは疲れて帰ってきているのだ。そんな話を聞く気はない。お前は思いやりがない」と言われたりします。自分以外の人間が楽しそうにしているのが許せない相手は、あなたの楽しそうな態度を不快に思います。そのため、あなたが気にせざるをえないような言葉を浴びせ、あなたの楽しい気分を破壊し、罪悪感を持たせるのです。

反対に、相手が出かけた時の話をしていて、あなたが聞いていないと感じた時は、「人の話は聞くものだろう。せっかく楽しい気分で帰ってきたのに、お前のせいでぶち壊しだ」と責めるのですが。

あなたの友人や仲間との会話内容について、バカにした態度もとります。

「お前の友達はレベルが低いなあ」「何が楽しいんだか、理解に苦しむよ」と言い、あなたの楽しさを破壊し、楽しかった話を言わせなくします。

さらに、「そんなくだらない話をよく相手は聞いているなあ」「みんな、よくお前を誘うよなあ」などと、あなたの楽しい時間を破壊していきます。友人は、本当はしかたなく私を誘ってくれているのかもしれないと、あなたは思わされます。

そして、「家のことをほったらかして忘年会に行くなんて、みんな呆れているよ。主婦もいた？　お前と同レベルだなあ」「そういう連中のことを心の中では呆れているんだ」などと第三者を引き合いに出して、それは相手の独特な考えではなく、一般的な視点・考え方なのだとあなたに思わせます。

やがてあなたは、外出するたびに、帰宅した自宅に不穏な空気が流れ、楽しさも吹き飛び、憂鬱だけが漂うことに疲れ、次第に、出かけない方が平穏に過ごせる、自分の心も穏やかだと思うようになります。自らが「疎遠」を選んでいくのです。

周りに相談できる相手、心を打ち明ける相手がいないことも、自分のせいにしてしまいます。

相手との関係の中で起こる違和感や、矛盾など、誰かに相談していれば、そして話の相手が普通の価値観を持った人であれば、「それっておかしくない？」といった感想を得ることができるかもしれません。「やっぱりおかしいよねえ」という確認作業は、モラハラ被害者にはとても大切です。

しかしあなたは、最初は誰かに話せたとしても、次第にそうしたことを誰にも言わなくなります。自分だけの心に留めるようになる結果、ますますモラハラの密室化を強めることになります。

疲れ果てていく

「子どもが大きくなったので、働きに出てみたい」と言うあなたに対して、相手は、働くことは悪いことであるという方向にあなたを追いやっていきます。働きに出るかぎりは家のことも完璧にしなければいけないと追いつめていきます。相手が帰るまでに帰宅し、家のこともできる働き方。何かあった時、すぐ家に帰れる働き方。相手の協力は望めず、あなたの責任において働きに出ることが原則です。

これも、相手が提示せず、あなた自身が選んだと考えるよう巧妙に仕向けられるため、あなたが相手の意向に支配されていることに気づかない一因となっています。

家庭生活を優先し、自ら選んだパートの仕事。あなたは一生懸命働きます。自分の世界が少しでも持てる喜びにも浸ります。そんな時、相手は、「お前なんかを雇う職場があるんだな」「お前みたいなどんくさい奴がよく務まるよなあ」と、あなたをバカにするようなことを言います。「お前の職場はくだらないな」などと職場自体をバカにしたり、「しょせんパートだろ」と言い放ったりします。

相手に冗談めかした口調で言われるため、また、あなた自身も自分に自信がないため、本気で怒ることをやめてしまいます。

すでにモラハラ環境に浸っているあなたは、相手の態度、思いやりのなさ、人や職場をバカにする態度といった非常識さに怒りや疑問を感じることなく、自分を責めてしまいます。

そういう人たち（モラハラパーソナリティ）の言葉を真に受けずに、自分らしさをもっと大切にしましょう、自分の夢を追いましょう、と言うことは簡単です。しかし、モラハラを繰り返される環境で、自分の価値観や気力がそぎ落とされている被害者は、自分の夢など見えず、そのことを責め、自分は愚かでどうしようもない存在であるという思いを強めてしまっています。この状態にある被害者に対する言葉がけは非常に難しいものです。

被害者は、自分が夢を追ったり自分らしい生き方を求めたりすれば、相手との生活が崩壊してしまうと感じ、それは避けたいとも考えているからです。

モラハラパーソナリティの相手の世界にどっぷりはまっている被害者であるあなたは、職場でも自信を持てず、ミスを増やしていきます。指導や指摘を受けると、自分を全否定されたような気持ちになり、働き続ける自信をなくしてしまいます。相手を怒らせる残業や出張はできないし、「つきあい」にも顔を出さないあなたは、そのことを必要以上に気にし、職場で疎まれているのではないかと思いこんだりします。そして結局、仕事を辞めてしまいます。相手には、「そらみたことか」と言われてしまいます。

経済的な事情で働かざるをえない場合、モラハラパーソナリティである相手から働きに行ってくれないかと言われた場合も、結果は同じです。

働きに出ないと家の経済が回らないという現実があっても、相手は、家のことを完璧にできていないと文句を言い、不機嫌になります。収入の少ない自分に対する後ろめたさも加わって、相手のストレス指数は倍増し、さらに不機嫌になるケースが少なくありません。「良きパートナーであろうとする」あなたは、相手に後ろめたさがあることを知っているので、なるべく愚痴を言わないように努めますが、協力もせずに不機嫌をまき散らす相手に、ときには文句も出てしまう。すると、「俺をバカにしている」「俺を責める」と怒りだし、自分が被害者であるかのように嘆きます。そして、配慮の足りない奴という烙印を、あなたに押すのです。

モラハラの世界に浸っているあなたは、「やってられないわ！」と思うどころか、「自分に配慮が足りなかった」と反省するのです。

モラハラパーソナリティは、負の要素をすべて被害者になすりつけ、不機嫌や嫌みをぶつけることで自分を守り、自分を守れる環境を強固なものにします。

モラハラパーソナリティの感情に配慮しようとすれば、それを利用されてしまう。本人がやめよ

う と思わないかぎり、モラハラは決して止むことがありません。

疲労困憊したあなたは、寝込んでしまうこともあります。

被害者の多くが、最もつらく情けなかった瞬間としてあげているのが、寝込んだ時のエピソードです。

「相手がいたわりを見せてくれることはなかった。寝込んでいても『俺の飯は？』と平気で言われた。相手がひとりで食事に出かけた時は本当に悲しかった」「『寝込むお前の体調管理が悪い』と叱られ、寝込むことも許されませんでした」

被害者は寝込んだ自分を責めていました。

「彼の言うように、自分の健康管理もできない自分が悪いと。とても悲しかったのに、悲しみさえ、自分のせいにしていました」

そう語った後、被害者は、自分がそれほどまでに被害者心理に浸っていたことに気づいたと言います。

「心のどこかでは、相手の行動はとてもひどいと知っていたのだと思う。しかし、相手が悪いのか、そんな態度をされても当然なのか、わからなくなっていた」と。

⑤ モラハラの連鎖

加害者と被害者間の連鎖

暴力、モラルハラスメントの問題のひとつに、「連鎖」があります。これは社会的にも重要な問題と言えます。そもそも加害者は、なぜ加害行為を取得したのか。パーソナリティ的な問題以外に、モラハラを「学習」の結果と捉えた場合、加害者もかつては被害者であったという見方もできます。人は誰でも八つ当たりしたり、イライラを外に吐き出したりする瞬間があります。攻撃を受け続けた被害者が、自分が受けてきたモラハラと似たような手法を使うことも少なくありません。子育て中である被害者なら、子どもに対して必要以上に声を荒げたり、強く叱ってしまったりすることもあります。

「子どもへの虐待」問題の中には、虐待をする本人のパーソナリティや病的な問題からくるものもたしかにありますが、夫婦（内縁関係も含む）の構造の中で、連鎖として暴力が発生しているケースも見逃せません。

パートナーから攻撃を受け続け、被害者として心が蝕まれ、その心の膿を吐き出すために、自分が受けてきた攻撃（モラハラ）と同様の行為を、子ども、仕事の部下、後輩などといった選び出したターゲットにしてしまう。特に、反抗期や思春期といった年相応の、モラハラに似た行動を当たり前にする時期の子どもに対しては、被害を受けてきた親の感情がむき出しになります。

しかし、多くの被害者たちは自分の行動に気づき、愕然とします。どうしてもモラハラパーソナリティと別れられなかった被害者が、別れる決断をするのは、そのことに気づいた時、というケースが非常に多く見られます。

被害者は、攻撃の連鎖に気づくと、自分がモラハラパーソナリティのような人間になってしまっているのではないかと非常に恐れます。しかし、そのような自分に気づくことができ、そうなることを恐れ、自分を必死で見つめよう、コントロールしよう、その連鎖を断ち切ろうと考える人は、モラハラパーソナリティにならないと、私は信じています。

問題なのは、自分の状態に気づけず、自分の感情を子どもなどのターゲットにぶつけてしまうのが、当たり前の手段になってしまう人がいることです。自分の心を癒《いや》すために、モラハラを使い始める人がいるのです。それは、「被害者の加害者化」状態です。

その状態に陥った被害者は、ストレスをターゲットにぶつけ、また、モラハラパーソナリティとの関係で満たされない怒りや認められたいという思いをターゲットで満たそうとし、自分を認めない人間、自分の思い通りにならない人間を攻撃してしまいます。

モラハラパーソナリティから離れた被害者も、心のケアをしそびれると、「被害者の加害者化」

を起こします。心のケアとは、少しずつ自分の感情を取り戻し、自分の人生を取り戻していく作業で、それは、焦らずゆっくりと行う必要がありますが、焦ったり、自分を過信したりすると、顕著にこの状態が訪れます。

モラハラパーソナリティが、被害者の人格や価値観を一切否定し、存在さえ認めなかったのとは異なり、普通の人たちは、被害者の人格や存在を否定したりはしません。しかし、それがわからなくなってしまっている被害者は、自分が認められてしかるべきであると必死になり、これまで自分がされてきた方法、つまり相手を攻撃することによって自分を認めさせよう、コントロールしようとしてしまいます。ある意味、長い時間をかけて、その方法を学習してきた被害者ですから、その方法が成功してしまうと、モラハラパーソナリティ同様に、その手法を使うようになってしまうのです。何がなんでも自分を認めさせよう、自分を貫こうといった思いを果たすためにモラハラを使ってしまい、己を見失っている被害者は、もう被害者ではなく加害者と言えるのです。

「私は『加害者化』してしまっているのではないでしょうか」といった心配の声を、クライアントからもよく聞きます。気づき、それを見つめ、なんとかしようとしているかぎり、大丈夫です。

モラハラパーソナリティは、モラハラという手法を獲得・固定化し、その手法に頼っています。そして、「モラハラをする」ことを、相手が怒らせた、相手が悪いから教えてやっているのだと、自分と向き合わなくてもいいように、常に自分自身の中で肯定し続けています。モラハラという手法を、生きていくうえで、自分を守るために自ら進んで活用しています。彼らは自分を省みず、自分のその行動に対する理由を見つめようとは決してしません。そして、変わりたいと思いません。

「自分は加害者化してしまっている」と悩む被害者は、自分のその言動を見つめて、自分を理解しているからこそ悩むのです。気づき、悩んでいる時こそ、モラハラの連鎖を断ち切り、完全に被害者をやめるチャンスだと言えます。

本当に相手は、自分を全否定しているだろうか。相手が自分を認めてくれず、自分を全否定したとしても、そういう人に、自分を認めさせ、屈服させて（モラハラは必ず相手を屈服させるまで行います）得るものは何なのか。このイライラ、怒りは、実は目の前にある相手に向けられているものだけでなく、かつてのモラハラといった他の問題が混ざりこんでいるのではないかと、じっくり見つめてください。

子どもへの影響

暴力の連鎖は、被害者が加害者化してしまうのと同じくらい、それを見て育つ子どもの成長過程への影響が心配されます。

２００４年11月に改正された児童虐待防止法により、子どもをＤＶ（家庭内暴力）環境にさらすことも、虐待とみなされるようになりました。

そして、DVを見て育つ子どもへの直接的・間接的影響が専門家の間で指摘されるようになりました。その影響としては、子どもの暴力的行動、不登校、摂食障害、ひきこもり、うつ状態、人に対する信頼関係を構築できずに社会生活に支障を来すことなどがあげられています。

加害者である親（以降、加害親）と被害者である親（以降、被害親）を見て育つなかで、被害親の権威が失墜してしまうことによる親子関係への影響もあげられます。

相手は、子どもの前でもあなたを罵倒します。子どもの前でバカにされ、罵倒し続けられ、それを黙って受け止めているあなた。そんなあなたたち両親を、子どもが見ています。

モラハラパーソナリティは、モラハラをするためのきっかけをなんとしても掴み取ると説明しました。そこにたしかにきっかけがあるため、子どもはあなたが相手に怒られていると思うでしょう。そして、繰り返し繰り返し、「お前はどうしようもない」「母親（父親）失格だ」と聞き続けると、子どもも「そうなのかな」と思ってしまいます。

被害親がモラハラ攻撃を受け続けた結果、感情を破裂させて、「お前はおかしい。精神科に行け」などと言われるような行動をとってしまうことはよくあります。また、うつ状態に陥って生活がおぼつかなくなることもありますが、そうした様子を、加害親は自分のモラハラ攻撃の裏付けに使います。子どもに、「ほら、お母さん（お父さん）はおかしいだろ」と言ったりするのです。

子どもにとっても、被害親のそうした姿は、加害親の言うことを肯定するものとして映ります。被害親の権威はどんどんと失墜していきます。

あなたは、「相手を怒らせないように」と神経質になり、相手を中心にした暗黙の家庭のルールを子どもにも守らせようと必死になります。相手のモラハラ言動には矛盾が満載されており、相手の気分やストレスの度合いによって日々変わります。昨日はこのことで怒ったけれど、今日は怒らないということが常ですので、あなたが子どもに押しつける「家庭のルール」も、当然、矛盾を満載したものになります。そうしたルールを、子どもも守らねばならないのですから、非常に窮屈な家庭で、子どもが育つことになります。

相手がその家庭の状況とルールを作り出しているのですが、子どもにそのルールを強いるのは、あなたです。子どもは、あなたが矛盾し、自分を混乱させていると思います。

また、子どもが、相手に矛盾した家庭のルールで怒られていても、あなたは、自分が口を挟むとさらに相手の怒りが増幅し、収拾がつかなくなることを知っているので、黙って見てしまっていることがあります。たしかに、口を挟むととんでもない状況が予想できます。口を挟まないことが子どものためと、あなたは思っています。しかし子どもは、そうしたあなたは信用ならない、頼りにならない、自分を守ってくれないと感じ、あなたへの信頼を失っていくのです。

信頼というのは、子どもが成長していくうえで非常に重要な発達のための要素です。その信頼を家庭環境の中で得られない子どもは、特に、それが母子関係の場合、成長に根深い影響を受け続けていくことになります。

モラハラ家庭で育つ子どもたちは、被害親が、自分らしい親のあり方を見せることができずに加害親中心の生活を送るため、本当の親とはどういうものかを知らずに育つことになります。

「子どもが、相手と一緒になって自分をバカにするようになった」「子どもが私を避けるようになった」と嘆くあなた。

加害親と一緒になって子どもが被害親をバカにする。これは、加害親の行動や発言を通して、被害親が、加害親の言うとおりバカな存在だ、被害親に問題があると思っている場合もあります。ただ、本能的に、自分が攻撃されないように、強いものにつくという、自分を守るためにそうした行動をとる場合もあれば、被害親を守るためにしている場合もあります。自分が被害親についてしまうと、加害親が被害親をさらに攻撃するということを知っているからです。

また、親の顔色をうかがって、親が望んでいる言動をするようになる子どももいます。

子どもの頃から常に、モラハラというものに翻弄され、こうした行動をし続けていると、それは子どもの生活、価値観、思考、行動パターンの中に、当然染みこんでいきます。

モラハラ行為の学習

加害親が常に言葉で被害親をバカにし、責めるさまを見続け、被害親がそれを黙って受け止めている様子を見続けることで、子どもは、被害親に対して幻滅に似た感情を抱くと同時に、そういう親を加害親が攻撃するのは致し方ないと思うようになると説明しました。子どもたちは同時に、親から行動パターンも学習していきます。

子どもは、自分の意思を通し、相手に自分の思い通りに行動してもらうにはこんな方法もあるのだ、してもいいのだ、ということを、加害親、被害親両方から学習し、心の引き出しにしまいこみます。

モラハラ家庭においては、加害親の行動を誰も責めません。被害親がやめてほしいと伝えても、結局は被害親が屈服させられて終わってしまいます。モラハラは、第三者にはわかりにくく、モラハラパーソナリティは、「こういう人だと思われたい」といった行動を外ではとれる、外面の良い人のため、加害親をいい人とほめる人たちも多く、子どもたちもそれを見聞きします。被害親は、モラハラによってズタズタになっているため、第三者にも、弱く精神的に不安定などと映り、加害親よりその評価は低いことが大半です。

そうした第三者の評価を見聞きする子どもの中で、モラハラという攻撃行動は悪いことではないという意識が強化されていくケースもあるのです。

モラハラを見て育つ子どもには、加害者としての行動を学習する子どもだけでなく、被害者としての行動を学習する子どもも出てきます。

それは、少しでも自分に非があれば、こんなふうに攻撃を受けてもしかたがないと思い、我慢してしまうというものです。

学校や、子どもたちのコミュニティなどで、そうした行動が見られるようになります。

自分のイライラを、何かをきっかけに誰かに集中的に投げこむ。誰かに言うことを聞かせるために攻撃を浴びせる。イライラして破壊的な行動に出てしまう。こういった行動は、年相応に、未熟ゆえに起こす場合もありますが、たいていの子どもたちは行動しながら、心地の悪さを持っているものです。しかし、モラハラを見て育ち、加害者側の学習をしている子どもは、モラハラを見て育っていない子どもより心地の悪さを持ちにくく、その行動を自分のために用いやすくなります。そして、その方法が成功すればするほど、繰り返し行うようになっていきます。

逆に、モラハラを見て育っている子どもがストレスを浴びせられ、攻撃される側に立った場合、他の子どもに比べて、「いじめられる筋合いはない」「そこまで言われる／される筋合いはない」と思えなくなっています。少しでも自分に非があれば、「自分はいじめられて当然の人間である」と考え、誰に相談することもせず、そのいじめを一身に受け止めます。自分に非がなくても、自分の中に非を見いだそうとさえします。それは、被害親が常に家の中でしていることと同じです。

モラハラを見て育つ、両親の暴力関係のなかで育つということは、暴力を加害者―被害者両面から学習し続けているということです。特に、加害者側に立った学習は、子どもの心に、より浸透しやすいと言えます。

古い心理学実験になりますが、1963年に、暴力の子どもへの影響・学習について調べた「ボボ人形実験」が、学習理論で著名な心理学者アルバート・バンデューラによって行われています。

保育園児を対象にして、〈遊戯室で大人が空気人形の「ボボ」を乱暴に扱っているのを見せたグループ〉と、〈「ボボ」を攻撃せずに普通に遊んでいるのを見せたグループ〉に分けて、その後の保育園児たちの行動を調べた実験です。

攻撃的にボボ人形を扱った大人を見た子どもたちは、遊戯室に入ると、同じようにボボ人形を攻撃しました。また、別の実験では、〈ボボ人形を自分と同じような子どもが攻撃しているのを見たグループ〉〈大人が同じことをしているのを見たグループ〉〈攻撃的なキャラクターが出てくるアニメを見たグループ〉〈これらを見ないグループ〉に分けたところ、攻撃をより模倣したのは、大人の行動を見たグループだったのです。

この実験で、心理学者のバンデューラは、（子どもから見て）地位の高い大人が攻撃性の「モデル」として最も子どもたちに影響を与えやすい、と発表しました。そして、こうした攻撃性の学習は、観察を通してもしっかり行われていると。

家庭内で両親間の暴力・モラハラ攻撃を目撃するということは、まさに子どもたちにとっては、地位の高い大人（家庭の中では親）が自分の前で行動して見せているということです。テレビで暴力的なシーンを見せたがらない親は多いのですが、親が攻撃をしている姿を見せつけることの方が、子どもに攻撃性を身につけさせる割合が高くなることを、一連の実験は報告しているのです。

特に加害者が父親であり、子どもが男の子であった場合は、被害者としての行動の学習よりも、加害者としての行動を模倣する割合の方が高くなることは、さまざまなＤＶ研究においても報告されています。そして被害者が母親であり、子どもが女の子の場合は、攻撃する父親よりも、母親の立ち位置を学習する。それはやはり、子どもは、同性の親をモデルにしやすいという点からきていると考えられます。


「モラハラは遺伝するのでしょうか？」。クライアントから、よく尋ねられる質問です。

先の実験でもわかるように、モラハラ攻撃は、遺伝というよりも学習によるといった方が的確です。もちろん、何らかの遺伝的疾患によって攻撃的な行動をとりやすいというケースもあります。しかし、多くはこうした攻撃を見て学習し、「自分の言い分を通したい」「イライラを軽くしたい」といった目的のために、学んだものを実際に使ってみる。少しでもそれが成功すれば、次にまた同じような状況が訪れた時、同じ方法で成功しようとします。そして、その子ども自身が、その手法にどっぷりと依存し、自分自身と向き合うことを避け続けると、モラハラパーソナリティが完成してしまうのです。

失われる子どもらしさ

子どもへの影響という点において、模倣・連鎖以外にも心配しなければならないのが、子どもらしさを失っていくことです。

モラハラ関係にある夫婦の間で育つ子どもは、必死で「良い子」を演じようとします。家庭のバランスを保とうとするのです。

先にも書いたように、〝加害親と一緒になって被害親をバカにしたような態度をとる子どもの中には、自分が加害親に同意しなければ、被害親がますます攻撃にさらされる〟と知っている場合も含まれます。被害者となっている親（特に母親）を支えたい、守りたいという気持ちからの行動は、必ずしも加害親に反発し、被害親に荷担するという形で現れるわけではありません。そうした子どもは、加害親の前では加害親にとっての良い子を演じ、被害親の前では被害親にとっての良い子を演じるようにもなります。このような行動は、家庭のバランスを保とうとする目的だけでなく、自分を守るための手段でもあるのです。

加害親からの攻撃や、モラハラにさらされてストレスを溜めている被害親からの攻撃の両方を回避するための手段と言えます。

両親の顔色をうかがって行動する子どもの心には、大きな負担が課せられています。本来、子どもは自由奔放にわがままを試しながら、さまざまなことを学習していく存在です。しかし、大人の顔色をうかがい、自分の意思を持ってはいけないと思っているかのように、大人の言いなりになる子どもが、心に影響を受けないはずがありません。

被害親は、「子どもが良い子なので助かっている」と安心しきっていたり、「子どもは父親に懐いている。離婚して、子どもから父親を引き離してしまうのは忍びない」と考えたりして、子どもの危うさに気づかないでいます。気づいていても、気づかないふりをしてしまうこともあります。被害親自身が、加害親のことで頭がいっぱいで、子どものことまで心配しなくてもいい状態を作ってくれている子どもに頼ってしまっているのです。また、別れられない言い訳を子どもに委ねているとも言えます。

ターゲットになる子ども

それなりに自我を持ち、意見を述べられるような年代になった子どもは、加害親のおかしさに気づき、徹底的に嫌ったり、批判的な態度を示したりします。加害親の言うことを聞かなくなったり、加害親を責めたりもします。加害親にとっては面白くありません。

もともとモラハラパーソナリティ（加害親）は、自分の世界で生きている人です。たとえ相手が自分の子どもであろうとも、自分がイメージしているような行動をとるべきであると考えているので、子どもが幼く、自分の言うことを聞き、愛らしい間は、かわいがります。しかし、その子どもが自我を持ち、ひとりの人間として成長し、自己主張を始める頃、モラハラパーソナリティの加害親は、子どもを押さえつけ、自分の言いなりになるようにと働きかけます。子どもがモラハラのターゲットになるわけです。

子どもの言い分は一切聞こうとせず、自分に都合の悪いことは無視し、言うことを聞かせるために、頭ごなしに怒鳴りつけます。子どもをコントロールしようとしているのです。それがうまくいかない時は、「お前のしつけがなっていない」「お前の育て方が悪い」と、被害親のせいにします。

モラハラパーソナリティの言動は、子を育んでいく親としての責任あるものとは程遠く、子どものために自分がいるのではなく、自分のために子どもが存在していると思っているのです。

「子どものことは、とてもかわいがるのです」と、かつて語った被害者が、後になって、こう語ったことがあります。

「今、冷静に振り返れば、元夫（モラハラパーソナリティ）の子どものかわいがり方は、ペットの犬をかわいがるようだった」と。「おすわり、お手。言うことを聞けばご褒美をあげ、気に入らない態度をとれば怒鳴り散らす。子どもにとって、本当に必要なことには無頓着だった」と。

「子どもはとてもかわいがるんです」「公園へ連れていったり、おもちゃを買ってやったりと、子どもに対しては、甘く優しいお父さんなんです」といった、モラハラパーソナリティの「子どもに対する行動」は、実は子どものためにしているのではなく、「良いお父さん」と周囲に見てもらうためにしている行動です。「良い父親はこういうことをする。俺は良い父親だろう」と、自分が満足し、心地よく感じることはできますが、子どものためにこういうことを考えてやってほしい、協力してほしいと被害者が望むことはしてくれません。子どもが熱を出して、病院に連れていってくれるように頼んでも、子どもの行事があって、子どもが来てほしいと強く望んでも、自分の都合を優先させるか、しぶしぶ了承したうえで、一日中、非常に不機嫌になるのです（ただし、第三者の前では機嫌良くふるまえます）。

これは、実は子どもに対しての関心が低いことを表しています。子どもに関心はなく、自分が他人に良いお父さんと見えることに関心があるわけです。

そんなモラハラパーソナリティの加害親は、自分中心に生活が回っていると当然思っています。子どもが自分との関係でどんな影響を受け、どんな感情を育んでいるかということには、無頓着です。そして、自分の痛みが最優先の彼らは、子どもが自立期に入り、自分を否定したり、傷つけるような態度をとったりすると、それこそ、親としてバカにされたと嘆き、怒ります。

それどころか、自分をバカにし、反発的な態度をとる子どもに対して、攻撃をするようになります。そうした「かわいくない子ども」に対する加害親からの態度や言葉による攻撃が、ひどい場合は身体的攻撃にエスカレートしていきます。それでも加害親は、しつけである、教育である、と言うのです。

しつけや教育と銘打った親からの攻撃について、子どもは、親たちが悪いとは思わず、「自分が悪いから、自分がダメな子どもだから」と思います。それは、子どものその後の性格形成にも、大きな影響を与えていきます。

このように、家庭の中の夫婦間の暴力関係は、その関係だけに留まらず、家族の構成員である子どもへ、そして子どもから、そのコミュニティの人間関係へと連鎖していきます。攻撃を見て、攻撃にさらされる子どもたちは、大人になって、親と同じように暴力をふるう可能性が高まります。影響を受けて形成された性格によって、たやすくモラハラをするようになるのです。

また、加害親と似たようなパートナーを選び、暴力にさらされ続ける、支配され続けることを選ぶといった形で、その影響が示される場合もあります。

このように、「暴力の世代間連鎖」は、長期にわたって影を落とすことになるのです。

暴力のある家庭、攻撃依存のある親から、被害親と一緒に子どもを保護することは、子どもの虐待防止においても必要なことです。「暴力の世代間連鎖」「社会間連鎖（人間関係において攻撃行動をしたり、必要以上に忍従したりする）」を断ち切っていくうえで、非常に重要なことなのです。

被害者であるあなたにとっては、モラハラパーソナリティが加害行為・モラルハラスメントをやめてくれるか否かよりも、こうした連鎖を断つことを優先し、暴力のない、安心して自分自身と子どもが暮らせる空間へ避難することが何よりも大切です。

6 モラハラに気づいて

モラハラを見抜けなかった自分を責める

あなたは、自分のパートナーがモラハラパーソナリティだと知った時、「私に人を見る目がなかったのだ」「私が悪いのだ」と嘆きます。

しかし、そんなことはありません。どんな人でも、モラハラにぶつかってしまうことがあります。青信号を渡っていたのに、猛スピードで左折してきた車にはねられてしまうことがあるように。あなたがモラハラに遭いやすい性格であったというわけではありません。

モラハラは、モラハラをする人の問題です。相手がモラハラという手法を選んでいるのです。あなたが相手と一緒になることを選んだ時、相手があなたに見せた情報の中に、モラハラパーソナリティであると判断できる材料がなかっただけなのです。

「いえ、思い当たるエピソードがあるんです」とあなたは首を横に振ります。しかし、そのエピソードは、モラハラパーソナリティであると言い切れる内容だったでしょうか？　八つ当たりをしたり、感情的な物言いをしたり……など、誰にでも経験のある行動に見えたはずです。だからこそ、気にしなかった。

その行動を、自分の葛藤処理方法として相手が常用していることは、普通はわかりません。

あなたが怒れば、あなたとつきあいたい、結婚したいと思っている相手は、「悪かった、ごめんよ」と謝りもしたでしょう。あなたもその言葉を信じます。相手は後悔していると考えたはずです。

モラハラパーソナリティを見抜くことは、なかなかできません。一度被害に遭って傷ついた人は、敏感すぎるアンテナが立っているので、「モラハラ的な行動」にさえ反応しますが、普通は、これがモラハラだと見抜くことはできないものです。交際・結婚してから攻撃を受け、モラハラというものの存在を知り、これはモラハラなのだと思えるまでには、時間が必要です。

「自分が選んだ相手だ」「簡単に離婚するものじゃない」「相手の言い分にはたしかに当たっている部分がある」「相手には良いところもあるのを知っている」「私がもっとがんばればいい」と自分に言い聞かせ、結婚生活の維持に力を注ごうとする時はなおさらです。

離婚を頭に描いて結婚する人はめったにいません。一生添い遂げたいと思って結婚するわけですから、結婚生活を維持するために、さまざまな努力をしようとするのは当然のことです。

しかし、自分はモラハラ被害者かもしれないと感じたら、結婚維持に向けてがんばる気持ちを少し横に置いて、自分と相手との関係を客観的に見つめてみる必要があります。

被害を受けていることを知らずに、あるいは無視をして、その関係を続けると、自分でも気づかないうちに、あなたはこれまでのあなたとは別の「あなた」になっていることでしょう。

新しいあなたが生まれ、それが苦痛でなければ、それでいいかもしれません。しかし、たいていは、本当のあなたが心の片隅にしっかりと生き続けているので、本当のあなたと、モラハラ攻撃によって作られたあなたが、心の中で混沌としてせめぎ合い、あなた自身がとても苦しむことになるのです。

ここから離れることはできないという思いこみ

あなたは自分が被害者であることを自覚しないまま、攻撃を受け続けることによって、さまざまな影響を受けています。そのひとつに、そこから離れることができないと信じこんでいることがあげられます。

あなたは、自尊心が欠如し、自己否定感、気力減退、そしてうつ状態など、精神的な問題を生じているにもかかわらず、それをモラハラ攻撃と結びつけず、自分の問題であると思っています。そして、こんな自分がひとりで生きていけるはずがないと思っているのです。

「誰のおかげで食べていけていると思っている」「ひとりで生活していけると思っているのか」と

いう言葉を繰り返しモラハラパーソナリティの相手から浴びせられ、仕事も辞めてしまったあなたは、経済的に自立できるはずがないと思っています。

子どもがいれば、自分のような人間が子どもと暮らしていけるはずがないと思っています。自分の可能性と力を信じることができず、ひとりで生きていくイメージがまったく描けないのです。

多くの被害者は、「そこにいるしかない」と思っています。本来の自分をなぜか信じられなくなっています。そのために、相手や何かに依存します。

被害者は、モラハラパーソナリティのモラルハラスメントという攻撃を攻撃と受け止めずに、自分が相手の機嫌を損ね、怒らせるような「何か」をしたと思っていて、自分だけを責めます。自分に対して自信がなく、自己否定感に苛まれています。経済的にひとりではやっていけない、ひとりで子どもを育てていくことは無理だなどと、本当にそうなのかも検討もせずに、思いこんでいます。そう思いこむようなモラハラ攻撃を受けてきたからなのですが、そう信じ切っている被害者は、加害者に服従する生活をしてしまいます。不安や自信のなさを、不安を作り出した張本人に服従し、生活を続けることで補おうとしてしまうのです。これはモラハラ攻撃によって生み出された依存体質です。

また、DVサイクル〔蓄積期：内面にストレスを溜めていく期間、爆発期：溜めこんだストレスがあふれ出す期間、安定期（ハネムーン期）：ストレスを放出して安定したように思える期間）の中のハネムーン期と呼ばれる時期の感覚に執着することも、そこから離れることはできないと思っている被害者がとる依存のひとつと言えます。

ハネムーン期の相手こそが本当の彼（彼女）なのだと自分に言い聞かせ、そこに居続けようとします。ハネムーン期のモラハラパーソナリティは、たしかに安定しているかのように見えます。攻撃にさらされ傷ついた被害者が自分から離れていかないように、優しくしたり、謝罪をしたり、といった働きかけもします。そんなモラハラパーソナリティの行動を、被害者は、こういう一面が本来のこの人なのだ、謝ってくれているのだから、きっと変わってくれるに違いないと思いこむことで、問題に蓋《ふた》をします。

ハネムーン期のモラハラパーソナリティの態度は、優しく誠意的で特別なもののように映ります。その態度は、被害者の中に、必要以上に美化されて収められます。

これは、ハネムーン期以外の期間があまりにも緊張と恐怖に包まれ、安心できない「時」であるため、唯一ほっとできるこの期間を、必要以上に、安堵と平和に包まれた「時」として捉えてしまうのです。大騒音の中にいて、ごく普通の空間に出てきた時、そこがとても静かな空間のように感じることに似ていると思ってください。

実際は、緊張と恐怖の時間から普通の時間に戻ってきただけなのですが、被害者は、この時間に依存・執着していくようになります。緊張と恐怖の時間は自分を押し殺し、心を麻痺させてやり過ごす。そしてハネムーン期を、自分にとっての最大の幸福期間と捉え、自分さえ相手を信じたらなんとかなる、自分さえ我慢すればなんとかなると必死で自分に言い聞かせます。意地悪な彼（彼女）は嫌いだけれど、こんな優しい側面の彼（彼女）がいる。この側面を私は信じようと、加害者としての部分に目をつぶってしまいます。

これは被害者が、自分が見つめなければならない課題から目を背けるための作業です。自分の課題に取り組むより楽だと思って選んでいるかぎり、やめられません。

人は楽な方法に逃げ始めると、そこから脱することは難しいものです。

客観的で冷静な目で見れば、モラハラパーソナリティのハネムーン期の言動も、支配的・操作的で、モラハラパーソナリティ自身のために行っている行動なのですが、被害者にはそれが見えなくなっています。見ようとしないとも言えます。

穏やかで優しい一面のある彼が怒るのは、やはり自分に原因がある。私さえ怒らせないようにすれば、いつもこの優しい彼でいてくれるのではないかと信じ、そこに居続ける理由にします。

居続けようとする戦士

人間同士の関係は、生きてきた環境、経験など、違いがあって当然です。すべて理解し合える関係はほとんどありません。他人同士が共に生活をしていく時、すべてが思い通りにいかなくて当然です。

異なる家族の中で育ってきた者同士、家族に対するイメージが同じはずはありません。ふたりで新しい「家族」を作るにあたっては、それぞれの思いを出し合ったり、混ぜ合わせたり、ときには引っこめたりしながら、ふたり独自のものを作り上げていく。歩み寄りや譲り合いを重ねながら、ふたりの家族が生まれます。歩み寄りや譲り合いは、新しいものを生み出すための過程ですから、驚きがあったとしても、それを苦痛と捉えることはまずありません。

しかしモラハラパーソナリティは、「共にふたりの生活を作り上げていく」「相手と自分の思いやイメージを混ぜ合わせる」などとは思ってはおらず、自分のイメージがすべてです。これは、子どもの全能感と似ています。

被害者のあなたが、「相手が自分のイメージも取り入れてくれている」と感じるのは、たまたま、あなたと相手のイメージが同じであったからなのです。そして、同じことは少ないものです。


相手は、自分のイメージと異なるものを提示されると、拒否の態度を見せたり、あなたがそれを取り下げるまで不機嫌を貫いたりします。自分の思い通りにいくように、あなたの心を追いつめたり操作しようとしたりします。

操作された結果、あなたは自分の思いとは違う考えを相手に提示して、受け入れられる。その時、あなたは自分の意見を受け入れてくれたと安堵しますが、それは相手の意見に過ぎません。

あなたがこれまで生きてきたなかで育んできた理想や価値観は、モラハラパーソナリティである相手との生活において、ことごとく無視されます。しかしあなたは、互いに「歩み寄っている」「譲りあっている」と信じようとします。しかし相手は、自分を変えようとしないわけですから、あなたが相手の世界へ一方的に引きずりこまれているだけです。

人は皆、「自分」を持っています。生きてきた歴史があり、育んできた思いや価値観があります。それを無視される生活は苦痛です。モラハラパーソナリティの人との生活では、あなたの価値観や考えを無視され、相手の価値観や考えを押しつけられます。「自分」を否定され、侮蔑を受けます。

あなたは苦痛から逃れるために、次第に自分の価値観や考えを示さなくなります。そして、相手の価値観や考えを尊重していかなければならないと思うようになります。そうしているうちに、自分に自信を持てなくなり、ついには自分の思いや価値観を潰してしまうのです。

それがつらくないはずがありません。しかし、「つらいと感じている」と気づく心さえもなくなっている。それがモラハラ攻撃の怖さですが、つらいと感じる心を押し殺すことは、あなたがそこに居続けるための努力・手段です。心を麻痺させるのは、モラハラ環境で生き延びるための術です。

つらいことをつらいと認めると、あなたはそこにはいられなくなってしまうため、あなたは心を麻痺させ、感じることをやめてしまいます。その結果、うつ状態など、さまざまな症状があなたを襲うことになります。

カウンセリングの現場で、そうした状態をクライアントに説明する時、私は戦場の戦士を例にあげます。

銃弾が飛び交う戦場で、兵士が「怖い」と思っていては、そこにはいられません。「怖い」という感覚を麻痺させ、そこに居続けるための理由を見いだして、彼らはそこに居続けます。

モラハラ被害者もこの戦士と同じです。そこに居続けるために、感覚を麻痺させ、ハネムーン期に依存したり、相手もいつかわかってくれる、子どものためだと自分に言い聞かせたりすることで、そこに居続ける理由付けをします。

被害者心理にはまりこんだ被害者は、戦場で弾に当たった兵士と同じです。瀕死の状態で、もはや痛みさえ感じません。

「痛くない。まだ大丈夫。寒いだけだ」と言いながら死んでいく兵士。そんなシーンが、戦争映画によく登場します。

「痛い痛い！　ここに弾が当たった」と感じる兵士は、治療を希望し、安全な場所に避難もするでしょう。生きたい、死にたくないと思えば、除隊しようとする兵士もいるでしょう。しかし、離れてはいけないと思いこんでいる兵士は、国のため、家族のためにと、そこに居続ける。そして、力尽きて死んでしまう。

怖いもの、不快なものから遠ざかること、痛みを感じ、それを癒そうとすることは、自分を守るために重要な本能です。

恐れ、不快、そうした自分の感情について、しっかり自覚し、無視してはいけないのです。

謝って、優しくなる瞬間に期待する

「謝ってくれる。『変わる』と言ってくれる。それって反省しているということだと思います」

あなたは、「相手と離れようとしたけれど、謝って、『変わる』と言った相手を信じ、一緒にいることにした」と話します。

「モラハラというものはよくわからないけれど、俺が悪かったんなら謝る。自分も変わるから、考え直してほしい」と、相手はあなたに言ってくる。そしてあなたは、それを信じてみることにしました。

初めのうちは、少し態度が柔らかくなったような気がします。「おっと、これがモラハラって言われるんだな」などと言って、言いかけた言葉を止めたりします。

しかし、長続きはしません。変わる努力をさせられること自体、相手にとってはストレスです。そのストレスを正しく解消する方法を相手は身につけていないし、他の人々がストレス解消に使う方法では解消しきれないほどのストレスが山盛りだからです。

結局、相手は変わることなく、「自分は変わる努力をした。なんでもかんでもモラハラだというお前が間違っている」「加害者扱いされて、自分の方がいい迷惑だ」と、あなたを責め始めます。

相手はまた、かつてと同じように不機嫌になったり、無視したりし始めます。

相手が再び、かつてのような精神状態に陥っていることに気づき、あなたはゾッとします。

モラハラパーソナリティは変われる?

「モラオ（モラハラ加害者のこと。被害者たちが、ネットワークでモラハラ夫のことをそう名付けて呼んでいます）は変わらないと、よくネットなどにも書かれています。本当に変わらないのでしょうか」

モラハラという言葉に出合い、「自分が受けてきたものは暴力で、相手（モラオ）の問題なのだ。相手はいろいろな問題を抱えた人間だったのだ」と気づいた被害者の多くは、この疑問にぶつかります。

モラハラをする人は決して変わらないと、書籍、ネット、被害者の集い、いろいろなところで言われています。

変わってほしい。モラハラをやめてほしい。あなたは、そう願います。「この人がモラハラを続けるかぎり一緒にいられない。でも、せっかく出会って結婚したのだから、離婚を避けられるなら避けたい。彼が変わってくれるなら、別れなくてすむのに」「変わってほしい。モラハラをやめてほしい」。被害者は皆、そう願います。

モラハラを知ったあなたは、「あなたのしていることはモラハラという暴力で、依存行為なのよ」と、相手が気づけばきっと変わるはずだろうと考え、気づかせようと躍起になります。

くどいようですが、相手は、自分と向き合うことから逃げ続けるためにモラハラをしている人。そんな相手に、あなたが躍起になってモラハラを教えようとしても、あなたのその言動を、相手は「自分こそ攻撃されている」と考えるでしょう。あなたが、相手に底つき体験をしてもらいたいと考え、「あなたと別れます」「子どもを連れて出ていきます」と言ってみても、底つき体験になるとは限りません。「とんでもないことを言い出して、自分を脅している」と、相手は考えます。

「人は決して変わらない」と言い切ることはできません。私は、人は変わることができる生き物だと信じているひとりです。しかし、変わろうとしない人、変わりたくない人は変わらない。変化は、それを望む人に訪れるもの。モラハラの加害者は、変わろうとはしません。変化を望みません。

長い間、心の問題と向き合わず避けてきたモラハラパーソナリティが、これまで放置してきた多くの問題に、いまさら向き合うはずがありません。向き合うには、避けてきたことを一から受け止めていかなければなりません。心の底に溜まっている膿をほじくり出し、見ずにきた本当の自分を認めていかなければならないのです。本当の自分を認めるくらいなら、偽りのイメージの世界に生き続ける方が、モラハラパーソナリティには楽なはずです。そして、その世界を守る手段であるモラハラは、いくらでも肯定する材料が手に入ります。

「怒らせたのはあいつ」。モラハラは、彼らにとって、このうえなく楽で都合の良い手段です。モラハラを手放してしまえば、自分が壊れてしまう、死んでしまうと信じているかのようなモラハラパーソナリティは、決してモラハラを手放しません。変わりたくはありません。変わりたくない人は、周囲がどれだけ、変わることを望んでも、決して変わらない。

「モラハラをする人は変わらない」のです。

再開されるモラハラ

あなたはモラハラという言葉と出合い、相手に「あなたはモラハラだ」と宣言さえしました。親や友人にも、「離婚をしようと思っている」と相談しました。しかし、「モラハラをやめる」「変わる」という相手の言葉を、あなたは信じてみることにし、「離婚すると大騒ぎした」のに、相手のもとへ戻った。そんなあなたは、モラハラが再開された時、前にも増して親や友人に相談しにくくなります。心配をこれ以上かけたくないということもあるでしょう。生活を続ける決心をしたプライドもあるでしょう。相談しにくくなる状況が、再開したモラハラをさらに密室化に追いやります。

「あなたとはもうやっていけない」「子どもを連れて出ていきます」とあなたが言い出し、自分(モラハラパーソナリティの相手)から離れていこうとしているとわかると、相手は慌ててモラハラをセーブします。しかし、あなたがもう離れていかないと確信すると、再びモラハラを始めます。これは決して珍しいケースではありません。

再開したモラハラは、その攻撃をあなたのせいにできる材料・きっかけを、前にも増して巧妙に探し出し、「やはり私が悪いのだ」と、あなたに思わせます。

「おまえが悪いのに、『モラハラ』なんて言葉に踊らされて、人を責めているお前の方こそ、モラハラじゃないのか」「自分は、お前(被害者)の言うようなことはやめてきた。それでも、結局、お前が俺を怒らせたのだ」と、あなたを攻撃します。

あなたが相手の「モラハラをやめる」という言葉を信じて、相手と生活を続けていくことは決して悪いわけではありませんが、それは、アルコールや薬物の依存症者の前に、アルコールや薬物を置くようなものです。自分の心が葛藤やストレスで満タンになった時、目の前にあなたがいれば、やはり、相手はモラハラをしてしまうのです。自分は痛くもかゆくもなく、行為を肯定する材料をいくらでも用意できるモラハラは、アルコールや薬物よりも簡単に手を出せます。モラハラをする方が、自分を省み、構築し直すより、相手にとってはずっと楽なのです。

そして再開されたモラハラは、あなたが「彼はしばらく穏やかだった。モラハラをやめる努力をしてくれていた。そんな彼を怒らせたのは、やはり私。彼の言うとおり、私の方が間違っているのかもしれない」と思ってしまうほど、巧みになっています。

モラハラが被害者の問題になってしまう

モラルハラスメントという言葉に出合い、自分がされてきたことがモラハラであると気づいたあなたが、モラハラパーソナリティである相手のもとに居続けるか、いったん出たけれどまた戻る場合、あなたは、この人のモラハラをやめさせてみせる、わからせてみせる、ということに夢中になってしまうことがあります。モラハラという相手の問題が、自分の問題となってしまうのです。

「それがモラハラというのよ。あなたはひどいことをしてきたのよ」と相手を責めたり、教えようとしたり、導こうとしたりします。無言の圧力をかけたりすることもあります。

教えよう、相手を変えようと必死になるケースもあれば、相手がモラハラをやめる努力をしている間、自分がしっかり、家と子どもを守らなければと強く思うケースもあります。どちらのケースも、相手以上に、あなたが、モラハラ問題に真剣になっています。

教えよう、相手を変えようと必死になるあなたの行動は、モラハラをやめ、心の底から変わりたいと思えない相手にとっては、うっとうしい以外の何物でもありません。あなたが提供するモラハラの知識を使って、「お前の方が、モラハラじゃないのか」と言いさえします。

また、相手がモラハラをやめる努力をしている間、自分がしっかり家と子どもを守らなければと強く思うケースでは、家族システム内の責任分担の境界線を、あなた自身が曖昧にしてしまいます。

被害親（あなた）が、目の前にいる加害親（相手）の役割を担ったり、子ども（特に上の子）が、母親や父親といった保護者の役割を担ったりして、家族のバランスを取ろうとします。それは、妹や弟といった下の存在に対してだけでなく、被害親に対しても行われます。家族システムが完全に崩壊していると言えます。こうした子どもは、一見、扱いやすく聞き分けの良い子に見えますが、彼らは心に負担や問題を抱えて成長していくことになります。

目の前のモラハラ問題だけに目を向け、他の問題に目を向けられなくなっているあなたは、自分や子どもが危機的状況に陥っていても気づきません。これは、モラハラを知る前、原因がわからないものに蝕まれていった危機的状況とは異なります。自分自身の心の状況を知らせるために心身などに現れるサインを、「自分ががんばらなければ、自分が強くなければ、この問題は乗り越えられない」と自ら無視するあなたは、自分が今どう感じているかわからなくなります。ここで問題なのは、あなた自身は、自分はモラハラに気づき、当時、どうしてもわからなかったしんどさにも気づけるようになり、自分のことは理解できるようになっていると思っていることです。しかし、モラハラ問題に夢中になっているあなたは、自分の心と向き合い、自分自身のケアに取り組むべき時に、それをせずに、相手の問題に没頭し、自分を置き去りにしているのです。あなたは、今の自分は被害者ではないと思っています。しかし、いまだにモラハラというものに支配され続けている被害者そのものなのです。

あなたが、相手のモラハラをやめさせてみせる、彼に自分のしてきたことを理解させてみせる、と執拗なまでの熱意を持つ背景には、別れない選択をしたことや相手のところに戻った自分は間違っていないと思いたい、これまで自分がしてきたつらい思いを相手に反省してもらいたい、自分はこれまでつらい思いをしてきたのだから、今度は相手がそれを償い、改めていくのは当然だ、など、さまざまな思いがあります。そして、その思いを叶えようと、相手に行動を起こしていきます。こうした執拗なまでの熱意は、モラハラパーソナリティの説明で述べた「自他の境界が曖昧な状態」と同じと言えます。

あなたは、相手自身にしか解決することができない問題を、あたかも自分の問題であるかのように、自分がなんとかできると信じているかのように、没頭します。モラハラ問題こそが人生の課題と信じているかのように夢中になっていきます。それが、自分がモラハラ攻撃を受けてきて抱えている心の傷を癒すのに、手っ取り早い方法と思っているのです。

このようなあなたの状況は、その意に反して、相手をモラハラから遠ざけるどころか、近づけてしまいます。

被害者の加害者化

・被害者の優位性が持つ危険

加害者のモラハラ問題に夢中になっている被害者は、「危険」への耐性が強まります。これは、たくましくなる、心が強くなる、というような意味ではなく、危険を察知する感覚が鈍くなるということです。

危険を察知する感覚があるからこそ、生物は生き延びることができます。危険なもの、不快なものから距離を取ることができるからこそ、自分を守ることができるのですが、被害者は、そうした危険、不快というものに対する感覚がどんどん鈍感になっていきます。

自分が暴力を受けていることを知っていて、自分はそれに対処しているのだという自負がありま す。多少のことにはへこたれないぞと、心はピーンと張りつめ、暴力に立ち向かってさえいきます。そして、その「多少」が、日々、エスカレートしていても無視し続けるのです。

正体のわからないものに対しては、人は警戒心を抱き、自分の状態を把握しようと努めますが、正体がわかっていると、その警戒心は薄れます。

あなたは、モラハラという言葉を知り、相手のことがわかったと思っています。モラハラを自分がなんとかしないと、と立ち向かっていきます。どうにもならなくなった時に逃げれば（離れれば）いいと思っていて、ギリギリまで耐えてしまうのです。モラハラを知り、それに立ち向かっているると自負しているあなたは、結局、モラハラというものに自分を支配されていても気づかないのです。

モラハラに支配されるとは、かつてのように、モラハラパーソナリティの巧妙な暴力によってコントロールされ、言いなりになってしまう、暴力に屈してしまうというだけでなく、モラハラ問題に夢中になり、その問題だけに心が囚われていくことも指します。モラハラ問題と離れ、自分を見つめてケアしていかなければならない時期に、自分が被害者として負ってきた傷を癒す方法を、モラハラパーソナリティより優位な立場に立とうとすることで癒そうとするケースもそれに含まれます。

「加害者（モラハラパーソナリティ）より優位な立場に立とうとする」とは、被害者である／あったという立場を、意識的にしろ、無意識にしろ、利用し、自分がどれだけつらかったか、相手がどれだけひどいことをしたかを相手に知らしめようとしたり、モラハラを自分の力でやめさせたと確信が持てるような立場に立とうとしたりすることで、その問題を終わらせようとすることです。

優位な立場に立つということには、「被害者」という立場を使って弱者であり続け、被害者として加害者を支配することも含みます。たとえば、離婚したら経済的に苦しくなる、そんな自分に耐えられないと、あなたは相手のもとに残る／戻る選択をしました。その選択に対し、経済的に苦しくなることに耐えられない自分の思い、経済的に苦しいのは嫌だという自分の価値観を認め、自分のために相手のもとにいるのだという事実を認めることを避け、相手は私を苦しめてきたのだから経済的に私を支えるべきなのだ、それぐらいはさせなければいけないのだ、と思うことも含まれます。

私は、戻る、あるいは残る選択をするかどうかで揺れ動いているクライアントに、「どういったことでその人（モラハラパーソナリティ）と手をつないでいたいか、よく見極めてください」と言います。一緒にいることを選ぶとは、何かで手をつないでいたいということです。その内容は人それぞれです。

今、経済的に自信がない。経済的な面で相手と手をつないでいたいなら、その自分を認めてください。自分がそれを選んでいるのだと、自覚してください。そして経済的に自信をつけるようにし、自信をつけてもなお、その相手と手をつないでいたい理由があるかどうかを見つめます。手をつないでいなければならない、ではなく、手をつないでいたいかどうかが大事です。

「自分は被害を受けてきた・受けているのだから、相手にこれを強いてよい。相手からコレを得てよい」といった、自分の弱点、向き合いたくない問題を相手の問題にすり替えるような思考を持たないことが大切です。

モラハラパーソナリティがモラハラをすることで、自分に目を向けなくてもいい都合のよい状況を作っているのと同様、「被害者として優位な立ち位置」にいるということは、これから見つめていかなければならない自分の問題を避けるといった、モラハラパーソナリティの心理状況と同じ手段を、被害者が使い始めたと言えるのです。

相手に勝利したい、ギャフンと言わせたい、非を認めさせたい、といったことに躍起になる、相手より有利な立場に立とうとする、弱者の立場で周囲を動かそうとする状況は、すでに離婚し、加害行為から遠ざかっている人にも起こりがちです。物理的にはすでに被害者の立ち位置ではないものの、自分の中の、被害を受けた後の心の問題をケアしないまま、処理しきれないままでいる人たちに非常に多いケースだと言えます。

・「お前の方がモラハラだ」と言われてしまう

被害者が、加害者に「お前が私を攻撃している。お前の方がモラハラ／ＤＶだ」と言われてしまうような言動をとるケースは数多く見られます。

どちらが加害者で被害者なのか、表面的な報告だけを聞いているとわかりにくいケースも生じます。加害者だと思われていた人が被害者であったという例も少なくありません。

追いつめられた被害者は、自分でも驚くような行動、たとえば声を荒げたり、物を投げつけたり、自分が言われてつらくなった言葉を相手に投げかけたりすることがあります。

その結果、「お前の方がモラハラ／DVだ」と言われてしまいます。

さらに、被害―加害関係にある夫婦が離婚のための話し合いや調停、裁判などに至った際、モラハラパーソナリティの加害者は、被害者を責める材料として、被害者の追いつめられた結果の言動を使います。それはまるで、被害者の方が加害者であるかのようにです。

モラハラパーソナリティは、被害者に勝つことしか考えていません。たとえ離婚が成立しても、自分にも非があったと被害者に認めさせることができれば、彼らにとっては勝利です。

モラハラパーソナリティは、自分がしてきたモラハラを指摘されても動じず、自分の非を認めません。一方、被害者は、モラハラパーソナリティから自分の言動について責められると、「たしかに自分はそういう言動をとった」と認め、自分を責めます。このようにモラハラパーソナリティの一語一語によって自己否定感を増幅させ、モラハラパーソナリティとの話し合いや調停、裁判と、冷静に向き合えなくなってしまいます。

また、モラハラ攻撃を受けて、自分自身を押し殺すことが当たり前になり、自己表現の方法、特に怒りや不信感を表現する方法を見失っている被害者は、誰かに怒りや悲しみの感情を抱いた時、身をもって学習してきたモラハラを実行してしまうこともあります。

あなたは、自分と異なる価値観や考え方を見せられると、モラハラパーソナリティの相手にされてきたように、自分を全否定されているような気持ちに陥ります。その時あなたは、激しく落ちこんだり、相手を攻撃したりします。相手があなたの価値観を受け入れ、相手の思いを引っこめるまで、攻撃を続けてしまうのです。

あなたがモラハラパーソナリティと違うのは、自分の行動を激しく後悔し、自分を責める点です。気づいて後悔するのは、モラハラパーソナリティではない証拠です。気づけた場合は、それをやめることが可能ですから、「自分もモラハラパーソナリティかもしれない」と気に病むことはありません。心を痛めたこと自体、モラハラパーソナリティとは違うことを示しています。

・追いつめられて起こす爆発的行動

カウンセリングを通して、いろいろな事例に出合いました。たとえば、自分の家に火を放った人、我が子の存在さえ忘れるような記憶障害に陥った人、加害者である相手を殺してしまった人などです。特殊なように思われる、相手を殺してしまったケースも、私がかかわっただけでも3ケースあります。

モラルハラスメントは、そこまで人を追いつめます。

殺人や放火は、そこにどんな理由があろうとも、法的に罰せられます。しかも多くは、「モラルハラスメント」攻撃に追いつめられた結果であるとは認められていません。

攻撃に転じる被害者の多くは、本人さえ、自分が相手に追いつめられた結果、心が破裂してしまったという現状に気づいておらず、その行動の理由を説明できません。しかし突然、火山が噴火するように、ある時、心の中で何かが爆発してしまうのです。

逃げられないという絶望感からの逃避手段として、そうした行動をとる人もいるでしょう。相手の常日頃の攻撃・挑発に反応して、そうした行動に向かう人もいるでしょう。絶望や挑発の結果の反応は、個人のパーソナリティによって異なります。

殺人や放火などの反社会的な行動を、モラハラの被害者であったからという理由だけで理解するのはよくないと、私は考えています。一線を越えてしまうのには、やはり、その人独自の問題があるはずです。その問題、そしてその行動に至ってしまった原因は、さまざまなものが絡み合っており、簡単に結論づけられるものではないでしょう。

しかし、その人の生活の中にあったモラハラを回避できていれば、その人がそこまでの行動をとることはなかったという可能性は無視できません。

罪を犯すほどに追いつめられる人を作らないためにも、密室で行われるモラハラという見えない暴力の怖さを、多くの人に知ってもらう必要があります。

・代替行動へののめりこみ

被害者は、自分の心に蓋をして生き延びてきました。しかし、蓋をしている心は悲鳴を上げています。必死で何かを求めてもいます。自分のための行動を諦め、自分が何を求めているのか、すっかりわからなくなった被害者は、本来のものとは異なるものでその心を満たそうとしがちです。

被害者には、買い物やパチンコにのめりこむ人もいます。モラハラをされている相手に向けられない思いを、他者に向け、その他者を攻撃することに明け暮れてしまう人もいます。攻撃するために、無意識に敵を作ることさえしてしまいます。

誰かがモラハラ攻撃を受けていることに気づくと、その人に過剰にかかわり、その人の相手を負かそうと懸命になる被害者もいます。

「あなたが受けているのはモラハラと言って、あなたは被害者で、相手は加害者よ。相手からさっさと離れるべき。そんな人とは離婚をするべきよ」と、自分が被害者と認定した人に指示的アドバイスをし、コントロールしようとします。

加害者（と思える人）に対して、罰するような感情をむき出しにし、目の前の被害者（と思える人）と一緒になって攻撃したり、被害者（と思える人）に自分がイメージする方法を強要したり、自分がしそびれたことを提案したりします。自分が目の前の被害者に対して操作的で、自分の正しさを押しつけてしまっていることには気がつきません。

これは、自分が相手にできなかったことや、こうすればよかったと思えることを他者に代わりにさせる代替行動の側面が強いと言えます。そして、いつまでも被害者で居続けているということでもあるのです。

どれだけ他者を責めても、本当に自分の思いを向けたい相手ではないので、当然満たされません。どれだけ他者を導いても、自分は間違ってはいなかったと確認を取ろうとしても、自分がすればよかったと思う行動を他者の相手にさせても、それが代替行動であるかぎり、自分の心が満たされることはありません。

これらの代替行動は、それを行ったその瞬間は、一見心が満たされた気になります。しかし、自分の心を本当の意味で満たすことはできません。本当の満足を得ることはできません。

満たされない心を満たそうと、その行為を繰り返し繰り返し使うようになると、被害者はそれに依存してしまいます。被害者で居続けている心を、目の前の被害者を使って満たそうとすることは、代替行動の最たるものです。

本来「人のため」と思ってしているどんな行動も、根底には「自分のため」という認識が存在します。仕事であれば収入、ボランティアであれば自分のやりがいといった、「自分のため」のいろいろな何かが必ず存在します。自分の経験を活かしたいという思いも、誰かの役に立ちたいという思いも、根底は自分のためです。活かすことができた、誰かの役に立ったという喜びが、「自分のため」の報酬です。自分の行動と、そうした報酬のバランスをしっかり見つめることができる人は、自分のできることとできないことを知っていて、度を越したかかわりを持とうとしません。

つまり、相手から過度の感謝を求め、自分の助言通りに動かない相手に腹が立つなどといった自分に気づければ、行動と得ようとしているもののバランスが崩れていることを理解し、かかわり方を見つめ直すことができるはずです。

しかし、代替行動にのめりこんでいる人は、そのバランスを考えられなくなっています。

・被害者支援へののめりこみ

自分の経験と似たような問題を抱えた人が目の前に現れると、その人のつらさが身に染みてわかるため、何か力になってあげたいと考えるのは自然であり、同じような経験をしたあなたが、同じような経験で苦しんでいる人を援助するということはすばらしいことです。

モラルハラスメントという言葉が日本で広がったのは、経験者が被害者に自分の経験を語り、気づきに導いたからです。経験したからこそわかるものがある。特にモラハラは、経験者でないと理解しにくい面を持っています。経験者に理解を示してもらえるだけで、被害者はずいぶん救われます。

しかし、被害者で居続けている心を、目の前の被害者を使って満たそうとする代替行動としての「支援活動にのめりこむ」という問題について、知っておいてください。

モラハラの加害行為は、まるでテキストがあるのではないかと思うほど、似ています。そのため、「そうそう、私も同じ経験をした」と強く共感し、目の前の人の問題をまるで自分の問題であるかのように捉え、熱心にかかわろうとする被害者は少なくありません。自分を理解してくれる人がいるということは、被害者にとって大きな支えになります。

しかし、そのかつての被害者による被害者支援は良いことばかりではありません。

「それはモラハラよ。あなたは被害者でちっとも悪くない」「相手と離れるべきよ」など、被害者はこういう言葉をかけてほしいはず、勇気が出るはず、という思いこみによるアドバイスは、その被害者が立っている段階によっては、あなたへの依存を生み出すおそれがあります。

問題の解決方法や生き方はその人自身が見つけていかなければなりません。いかに正しく思えても、その人に答え（アドバイス）を押しつけることは避けるべきです。

あなたのアドバイスによって、その人の問題が一見、解決したように見えたとしても、自分でたどり着いた答えでなければ、後々、問題が生じてきます。被害者は、自分の選択に不安を抱きます。人の意見を聞き入れて問題を回避した人はなおさらです。

また、似た問題を抱えてきた人が、強い姿勢で相手を支援しようとするのは、自分の選択した結果が正しかったことを、新たな被害者を使って自分に納得させようとしている面があるのです。

自分の問題は解決している、ケリがついていると思っている元被害者であっても、かつての自分と似たような人を前にした時に、同調しすぎたり、支援に夢中になりすぎたりする場合は、閉じこめている感情や、解決していない感情が残っていて、相手を利用して解消しようとしている可能性があります。

あの時、自分が言ってもらいたかった言葉を目の前の被害者に言う。あの時、自分がモラハラパーソナリティに言いたかった言葉を、目の前の被害者の相手に（その被害者を通して）ぶつける。経験者にしかわからないことがたしかにありますので、これは、必ずしも悪いことではありません。しかし、自分と目の前の人は異なる人間であり、それぞれは異なる出来事です。

支援に夢中になっている人は、同調しすぎていること、夢中になりすぎていること、目の前の被害者に自分が与えてしまっている影響力、操作性に気づくことができません。

自分は正しいことをしている、モラハラを撲滅するのだぐらいの意気込みを持っていれば、なおさらです。

被害経験者ゆえに、自分が支援しようとしている相手を操作してしまう力が強くなってしまうことを、しっかり自覚してください。自覚していれば、いきすぎた助言や、相手に与えるであろう影響に気づくことも可能です。

支援活動に夢中になっている人は、自分の言葉かけや自分の指示に相手が従わないと、相手に対して腹立たしささえ覚えます。「自分がこれほど親身になってあげているのに」と。自分がイメージしていた感謝の念を示されなかった時、無性に腹立たしいと感じた時は、自分を見つめてみてください。自分の中の満たされない思いを満たすために、つまり代替行動として支援活動にかかわっていないかを見つめてください。

自分の言葉や指示に従わない相手に腹が立つのは、相手をコントロールする快感を得ようとしているから。そして過剰な感謝を求めるのも、そのことによって自分の心を満たそうとしているからです。そんな自分に気づいたら、そうした支援活動から距離を置いた方が、双方のためになります。

相手には相手の選択肢があり、自分で生き方を選ぶ権利があります。経験者としてアドバイスをしても、それを使うか使わないかはその人の自由。自分とその人は違うのですから、無理強いすることはできません。

そして、感謝してもらうために支援を始めたわけではないことを思い出してください。

「恋愛で傷ついた心は、新しい恋愛で癒す」という言葉があります。しかし、モラハラで傷ついた心は、モラハラ問題で悩んでいる人を助けたり、加害者を責め、負かしたりすることで癒されるものではありません。

せっかく離れることができたはずのモラハラ問題に無用にかかわり続けることは、被害者であった時の感覚を繰り返し味わうことになります。

自分に似た被害者を手助けし、支援したいと考えるのは、すばらしいことです。しかし、そうした活動にかかわろうとする時は、自分の心の状態をしっかり把握しておいてください。自分と似た被害者を支援するには、被害者心理から抜け出している必要があります。

そのためにはまず、自分らしい日常生活を送り、その生活の中で失った自信や価値観を取り戻していくことが、最も大切です。いったんモラハラ問題から完全に自分を切り離し、自分自身の人生に夢中になってください。

被害者はモラハラに病名をつけたがる

被害者がモラハラ加害者を語る時、その人たちが「パーソナリティ障害である」「発達障害である」と決めつける傾向があります。その傾向は、被害者自身が「正常と異常」の区別をつけ、納得材料を欲しがっているかのようです。

「モラハラは治るでしょうか?」と、モラハラが病気の一種であるかのように尋ねられたりもします。病気であれば、自分が相手のところにとどまる、または離れる理由が得られると思っているようです。

パーソナリティ障害とは、長期にわたって続く不適応な行動様式のことであり、環境の捉え方や自分についての認識が柔軟性を欠き不適応である人々のことです。その人が社会生活を送るうえで支障を来す場合、パーソナリティ障害という言葉が使われます。その不適応な内容によって、境界性パーソナリティ障害、反社会性パーソナリティ障害というように、複数のパーソナリティ障害があげられています。しかし、あくまでもその人自身の苦しみやつらさに焦点をあてて命名するものであり、本人が自分の生きづらさと向き合っていくためのものです。本人が必要としていなければ、命名は意味を成しません。また、そもそもパーソナリティがその人の性格を表すと捉えれば、本人にとって不都合の生じていないその性格をパーソナリティ障害と命名することによって「異常」「障害」と位置づけようとすることや、異常の証明のように用いることが適切なのかどうかという議論も存在します。現在では、安易にパーソナリティ障害といった確定診断を下さないという流れも強く、モラハラ加害者に対してパーソナリティ障害であると決めつける傾向はそれに反しているとも言えます。

パーソナリティ障害か否かという判断が必要な場合も出てくることは否定しませんが、被害者であるあなたが自分を納得させるため、「相手は異常なのだ」と相手を切り捨てたり責めたりするための「免罪符」を得るために、安易に命名するべきではありませんし、命名された相手は納得するどころか、逆にあなたに対して「異常者呼ばわりをした」と、怒りや恨みを強めるでしょう（相手はあなたに対して「お前は異常者だ」と言ってのけはしますが）。

また、アスペルガー症候群、注意欠如多動性障害（ＡＤＨＤ）といった発達障害のある人の行動パターンを見る時、モラハラをする人たちに似ている点があることは否定できません。自己中心性や、原始的な葛藤処理の常用などは、そうした障害を抱えている人たちにも多い傾向です。そのため被害者は、〝加害者はそういった発達障害がある〟という診断を得たがる傾向があります。

風邪には代表的な症状としてせきや鼻水、熱などがあります。しかし、せきが出るのは風邪だけではありませんし、鼻水、熱の出る疾患は、風邪以外にもたくさんあります。

モラハラも、たしかに行動パターン、攻撃の手段は、まるで教科書があるかのように似ています。しかし、加害者がモラハラをする背景は、さまざまです。

では、なぜ被害者は、そのような決めつけをしようとしてしまうのでしょう。

モラハラ攻撃を受け、その攻撃の影響を受けて自分が変わってしまったことに気づいた時、あなたは、モラハラの正体を知りたいと思います。

「モラハラは相手の問題であって、あなたの問題ではないのですよ」とどれだけ言われても、自信が持てないあなたは、その行動の原因を明確にしたいのです。そして、それがパーソナリティ障害や発達障害といったものであると思えたら、「私のせいではなかった」と自信が持て、安心できると思うのでしょう。

障害・病気であると言われれば、気が楽です。自分にはどうにもできないもので、自分がさせたのではなく、そのような行動をする人だったのだと、自信を持つことができます。自分がどんな努力をしても、相手はその行動を、障害ゆえに続けるのだ、変わることはないのだという納得感も強まります。これまで費やしてきた時間と努力に諦めがつき、そしてこの先の選択に対しても、言い訳ができると考えるのです。そして何よりも、第三者に説明しにくいモラハラを、モラハラ＝パーソナリティ障害であれば、わかってもらいやすいと思うのです。

モラハラパーソナリティの相手と離婚を考える被害者たちは、相手が浮気をした、借金をした、殴った、という出来事が起こると、目に見える離婚理由、自分は相手と離れていいのだという納得材料が手に入り、腹を立てるよりも安堵の気持ちを表現します。それと同じような心情で、「○○障害である」といった名前を欲してしまいます。

7 モラハラから遠ざかる

見えている未来と見えていない未来の選択

被害者と話していると、この方は、見えない未来に不安を感じているのだなと思うことがよくあります。

二つの道があり、ひとつは、先が白い霧で包まれ、どうなっているのかまったく見えない道。もうひとつは、危険予測ができ、何が待っているのかもある程度予測できる道。これは「今まで通りの生活」のことですが、予測できる道を選ぶ人は少なくありません。

モラハラパーソナリティとの生活は、先が想像できる生活です。日々の攻撃生活の苦労もつらさも、予想できます。モラハラの知識を得た被害者は、攻撃に対処できるのではないかとも考えています。

それに反して、モラハラパーソナリティと離れての新たな生活は、先が見えない生活です。ひとりで何もかもをしなければいけない生活は、初めてのことばかりでしょう。見えない道は、自分次第で作っていける道ではありますが、被害者は、モラハラによって自分に自信をなくしているので、自分で作っていくことをイメージできません。

先が完全に見えている道などありません。モラハラ被害に遭い、自分を全く信用できなくなるまでは、皆、見えない道を突き進んできたはずです。ある程度見えている道がそこにあっても、自分が進みたいと感じられない時、見えない道をあえて選び、こんな道にしていきたいといったイメージを抱きながら歩いてきたはずです。

また、道を作っていくための道具とするべく、情報を集めたり、資格を取得したりといった行動をしてきたはずです。

被害者は、モラハラ攻撃を受け、自信や自尊心をそぎ落とされてきたことによって、そうした行動がまったくできなくなってしまっています。

見えない道であっても、こんな道にしたいと道具をイメージすることができれば、ずいぶん違ってきます。自分にとって必要であるもの（就職活動や資格）を調べ、自分を助けてくれるであろう情報（母子福祉や養育費や財産分与といった法的な知識）を得ることは、こんな道にしようというイメージ構築に大いに役立ってくれるはずですが、そうした行動がまるでできなくなってしまっているのです。

モラハラはこれからも止むことなく続き、決してこの先の人生は楽しいものではないとわかっていても、見えていない未来を選ぶことの方が怖いと感じてしまう被害者は多いのです。

モラハラパーソナリティとは離れるしかないのでしょうか？

自分の受けていたものが、モラルハラスメントという暴力で、相手はそれをやめることはない。そして、その暴力を受け続けていると、自分が自分でなくなってしまい、自分の人生を歩めないと知ったあなたは、この先、どうしたらいいのかと、悩む時期に突入します。

・まず相手から離れる

今、「相手はモラハラパーソナリティであった」という情報を得たあなたは、この先、この人とどうするのかという選択の時期にきています。

しかし、そんな今、すでに心がズタボロになっていて、精神的に限界だという状態のあなたは、客観的な目を持つことも、自分を見つめる作業をすることもできなくなっています。

客観的な目を取り戻すためにも、攻撃にさらされない環境に身を置くことを優先するべきです。たとえ、自分はモラハラを知ったので、相手に対処できると考えたとしても、攻撃にさらされない環境に自分を置くことは重要です。

自分の力を取り戻そうとするあなたを、相手は敏感に察知し、それを阻止しようとします。そのパワーはかなり強力なものになるはずです。強力なパワーを浴びながら、自分を取り戻すのはかなり困難です。自分を取り戻すどころか、疲労困憊して潰れてしまいかねません。

攻撃から離れるために、実家に帰る選択をする人は多いことと思います。自分自身、まだ心の整理ができていない段階で、自分の状況を実家の親に説明するのはとても難しいことではあります。ましてや、自分の中で、自分が悪かったという思いが拭えていない場合はなおさらです。自分の心の問題を他者に攻撃という形で投げこみ続ける人がいて、その攻撃が我が子に目に見えない傷を与えているということを理解してもらうのは難しいことです。

親の悪気のない言葉があなたを追いつめ、傷つけることもあります。そういう時は、今のしんどさをとりあえず伝え、それを癒すために時間が欲しいこと、今はうまく説明できないこと、助言やアドバイスを聞き入れられない状況にあること、助言やアドバイスより見守っていてほしいことを伝えてください。

実家への里帰り、旅行、どのようなことでもかまいません。少しでも長い期間、攻撃にさらされない環境を得て、自分と向き合ってください。

その時は、なるべく相手と接触しないようにします。相手は、あなたが自分から去っていくかもしれないことを察知し、攻撃を緩め、あなたを引き戻すことに全力を注いできます。あるいは、攻撃をエスカレートさせることもあります。いずれにせよ、再び自分のテリトリーに引き戻そうとする行動です。どちらの態度を相手が見せてきても、相手と接触を続けると、あなたは、相手を中心にした思考を展開せずにいられなくなります。

あなたは、あなたを中心にした思考を取り戻す作業をしなければなりません。

別居できるなら、それに越したことはありません。別れる／別れない（離婚する／しない）をはっきりさせろと相手に言われたら、「今は離れて暮らしたい」とだけ告げればいいのです。あなたには、時間をかけて考える権利があります。そして、あなたには、自分を守る権利があります。

相手は感情に任せ、あるいはあなたへ与える罰であるかのように離婚届を勝手に出してしまうこともありますので、離婚を決める前であれば、離婚届不受理申出書（相手が離婚届を勝手に出しても、離婚届は受理されない手続き）を役所に出すなどして、対処しておきます。

離れていることが不可能な場合は、必ず自分のためだけの時間を持つようにしてください。

相手が攻撃してきたら、一時的にでも、相手から離れます。財布を持って、コンビニに行ってもいい。用事を作って、外に出かけるのもいいでしょう。お気に入りのカフェを見つけるなど、自分だけの空間を作っておいて、そこに避難し、相手から離れてください。

相手と言葉のやり取りをする時間が長ければ長いほど、あなたは傷つくことになると同時に、相手に対して何か言わずにいられなくなります。

モラハラを知ったあなたなら、なおさら、相手に対してそれを教えたい、わからせたい、仕返ししたいと思うのは当然でしょう。

しかし、それをしてしまうと、ますます相手の攻撃は激化し、あなたに対する態度がエスカレートします。

モラハラの存在を知った人が、理不尽な感情を向けてくるモラハラパーソナリティと共にいる状況は、怒りを伴います。我慢して、共にいることを選んでいればなおさらです。その怒りが限界に達した時、あなたが予想もしなかった形で爆発し、あふれ出します。


モラハラパーソナリティと共にいながらにして、攻撃の影響を受けないというのは至難の業です。影響を受け、自分が変わっていくことを、「これが私の生きる道」と受け入れてしまわないかぎり、あなたの心に積もっていくさまざまなものは、あなたの意図しない反応を見せます。影響は子どもにも及びます。あなたが良しとし、選択する生き方は、あなただけにとどまらないこともしっかり自覚して、決定してください。その決定の際は、モラルハラスメントは暴力であるということを無視しないでください。

・離れられない理由を考える

インターネットの掲示板や経験者のブログなどを見ると、「加害者から離れましょう、離婚しましょう」と一様に書かれています。やはり、離婚しかないのだろうかと、あなたは悩みます。

そんな時は、加害者と離れられない理由を、自分の中で明確にします。「ひどい暴力を受けてきたのだ、相手は自分の心の都合で、私に心のゴミを放りこんできたのだ」と知ってもなお、そのような相手と離れることをなぜためらうのか、自分にとって不快で危険なものから離れるという本能を無視しようとするのか、それをまずあなたの中で明らかにします。どんな気持ちでも、正直に見つめてください。

これには、自分の価値観や概念、期待や思いこみが関連しているでしょう。それを明確にします。

相手と離れられない理由は何でしょう。経済的なこと、子どもの問題、簡単に離婚してはいけないという考え等々、思い浮かんだことを箇条書きにし、一つひとつを再検討します。

たとえば、経済力がないから母子家庭としてやっていくことは難しいと思うのであれば、やっていくためには何が必要かを書き出し、それを手に入れるためにするべきこと、知るべきことを調べます。

母子福祉手当など、受けられる支援から受け取れるお金はどれくらいか。医療福祉やその他、どんな支援が受けられ、そのことによってどれだけ助かるかなどを明確にします。

自分たち夫婦の場合、妥当な養育費はどれくらいか。財産分与はどれくらいになるのか、年金分割はどうかなど、お金のことを考えるなんてと思わずに、きちんと情報を得ます。

働きに行く場合、今の自分に適した働き方はどういったものか、正社員にならなくても、どれくらいの時給で、何時間働けば、生活できるかなどをイメージします。

働きに行くなんて無理。長続きするはずがないと思うなら、なぜ自分はそう思うのかを明らかにします。モラハラを知り、自分が受けていたものが暴力であり、マインドコントロールであったと気づいたあなたなら、「なぜ」も見えてくることでしょう。


その後で、それらの不安要素がなくなった、あるいは軽減されたとしても、やはり相手と一緒にやっていきたいと思うかどうかをしっかりと見つめます。

もし、あなたに、働きながら子どもをひとりで育てるというしんどい生活は嫌だ、経済的な生活のレベルを下げることは耐えられない、という気持ちがあるならば、誰も批判はできません。モラハラよりひとりで生きていく方が耐えがたい、経済的に満たされない方が耐えがたいという人もいます。そういう人が、「モラハラ相手とは別れるべき」「別れた方が幸せに決まっている」という助言に従って別れてはみたけれど、心が荒んでいったというケースもあります。その人の価値観や、生きてきた歴史によって、助言が必ずしも適切であるとは限りません。

人にはパーソナリティによって、異なる選択があります。

モラハラという言葉に出合い、自分の受けていたものが暴力であったのだと気づいた時、どうするべきかというマニュアルは存在しません。各人が、自分にとって良いと思う道を選ぶしかないのです。

最も大切なことは、誰かに操作されているのではなく、誰かの考えでもなく、自分自身を見つけ出すことです。

どんな自分が見えてきても、自分を否定しないでください。見つけた自分の心にそって行動していくことが大切なのです。

モラハラパーソナリティと共生する場合は、何を得るために相手と手をつないでいるのかを知っていなければなりません。ただし、身体的な危険にさらされたり、共生生活が我が子に悪影響を与えたりする場合は、本来の自分の価値観や概念に、無理にでも変化を加える必要があると知っておいてください。

相手がモラハラパーソナリティでなくても、人生には何が起こるかわかりません。予期しない出来事が起こり、別れが訪れる可能性はあります。つないでいた手を余儀なく放さなければならないこともありえます。

その時のために蓄財をしたり、ひとりで生きていかなければならなくなった時、自分に何が残り何ができるのかといった情報を得たりなど、その時を意識した生活をしましょう。いつでも手を放せるけれど、今はその手を握っている。手をつないでいる何かが自分の中で明確である。これは、どんな夫婦においても必要なことであり、特にモラハラ関係の夫婦には不可欠です。

経済的なものを補うために、モラハラ相手との共生生活を選んだとしても、その攻撃に耐えられなくなる人は多いのです。そんな時がきても、手を離さなければならない日を考えて準備をしていれば、選択をし直すことも容易になっているはずです。

心がモラハラという暴力の影響から解き放たれ始めると、自分の人生を自ら切り拓いていきたい、自分の人生は自分のためにあり、そのためにこの世に生を受けたのだ、と考える人の方が多いことも確かです。


前述したように、モラハラパーソナリティの人は、ひとりでは生きていけないような依存的な人を自分の相手に選びません。自分を持っていてすばらしいと思える人を選ぶのです。

被害者が、自分ひとりでは生きていけないと考えるのは、もともとそういうパーソナリティだったというのではなく、モラハラ攻撃の影響で、自己卑下感、自尊心の欠如、自信喪失といった状態に陥っているからです。その影響から解放され始めると、たいていの被害者は相手から離れたいと思うようになります。

あなたの生き方を決めるのは、あなた自身です。

決めるためには、自分がどうしたいか、どんな明日を作っていきたいのかを知っていなければなりません。人生を左右するような決断は、自分が見えてからでも遅くはありません。

相手のことばかり考えていたモラハラ生活には終止符を打ち、自分の気持ちを見つめることに意識と生活を集中させるようにしてください。

この先の人生の過ごし方、自分自身に注目することが優先事項です。

離れようとする時の相手からの攻撃

被害者がモラハラパーソナリティから離れようとする時、多くのモラハラパーソナリティは徹底的に被害者を攻撃します。

自分（モラハラパーソナリティ）は、どれだけあなた（被害者）との生活で傷ついたか、あなたが自分に対して、どれだけひどいことをしてきたかを並べ立て、あなたの罪悪感をあおろうとします。そうすることは「自分は良い人である」と周囲に主張しようとすることでもあります。

結婚していた間柄であれば、離婚の話し合いや、調停、裁判という場で、相手と対することになります。モラハラパーソナリティは、自分の言動は棚に上げ、事実を自分流に解釈し、またはねじ曲げて、離れていく被害者の方がひどいと主張してきます。

離れていこうとするあなたの思い通りにはさせないぞと全エネルギーを注いできます。あなたが言い出した離婚を成立させることは、自分の負けを認めるようなものだと思っているかのように、離婚に反対もします。

たとえ離婚を認めても、養育費、子どもの親権など、絶対にあなたのイメージ通りにするものかと、ことごとく拒絶、反対、攻撃してくるのです。相手はあなたに勝たなければ気がすみません。

そんな攻撃に、あなたはとても傷つき、疲労困憊するでしょう。

養育費や親権に対する主張も、子どものことを考えたら、こんなことは言えないであろうというような内容です。なかなか進まない話し合い、調停に、あなたは傷つき、疲れ果てます。

話し合いや調停の場は、モラハラパーソナリティにとっては、最後の攻撃の場です。自分の言いなりになって当然と思ってきたあなたに、予想外の行動を起こされたこと、そして、拒絶され孤独に追いやられることへの怒りと恐れのあまり、攻撃が激化するのです。

この怒りをまともに受け止めると、あなたの心は打ち砕かれてしまいます。

モラハラパーソナリティとの別離の話し合いに、冷静な第三者、弁護士を間に挟むのは、それを防ぐためです。

資金面等から弁護士の利用をためらう被害者もいますが、法テラス（日本司法支援センター）を通して弁護士に依頼する方法もあります。モラハラパーソナリティのモラハラ攻撃に直接さらされない方法のひとつとして、弁護士への依頼も検討してください。

弁護士は法的な判断に基づき、感情には左右されません。結婚生活について事実を伝え、離婚に際して、これだけは譲れないという点を伝え、それを実現してもらうことを目指しましょう。

「モラハラに詳しい弁護士さんを紹介してほしい」という問い合わせがあります。弁護士を選ぶ際に、モラハラに詳しければそれに越したことはありませんが、あなたの話をしっかり聞いてくれて、理解しようとしてくれる姿勢がある弁護士さんを選ぶのがポイントです。

現在の日本では、モラハラだけを事由にして離婚を成立させることは難しいのが現状です。あなたの離婚したいという意思を尊重して、上手に離婚させてくれる弁護士さんであることが、最も大切です。

弁護士が怖くて自分の思いを話せないようでは、弁護士の機能を使えないことになります。弁護士は、自分の思いにそって法的に解決してくれる「道具」であり、カウンセラーもまた、あなた自身が使う「道具」なのです。

弁護士にせよ、カウンセラーにせよ、あなた自身が使う「道具」は、あなたとの相性の良さが選択ポイントであることを忘れないでください。

ただし、弁護士は、あなたの傷を癒したり、あなたと一緒になってモラハラ加害者に罰を下したりする存在ではありません。あくまでも法的な判断のもと、上手に離婚させてくれ、直接交渉しなくていいような役割を担ってくれる人です。

あなたの意思が決まっていないと、弁護士は動くことができないことを知っておいてください。

離婚調停では、調停委員がモラハラを判断してくれると思っている被害者がいます。そのために、自分の苦しみやつらさをわかってもらおうと躍起になって語ってしまう。そして調停委員の反応に一喜一憂してしまう。調停での調停委員の役割は、あなたの言い分や相手の言い分を双方に伝えるパイプ役です。双方が妥協点を見つけられるよう、パイプ役を引き受けているに過ぎません。

調停も、あなたが使う「道具」に過ぎないのです。

あなたはあなたの人生を歩いていく権利があります。胸を張って、あなたの周りにある「道具」を活用してください。

上手に道具を使うためには、あなた自身が、この先何を得たいのかを知っていることが大切です。

モラハラパーソナリティとの同居

あなたが、モラハラもひっくるめた相手と共に暮らすことを選んだのなら、相手のモラハラに振り回されないでください。傷つかないでください。傷つかない術を身につけてください。

「それでも好き。やっぱり離れられない」「自分には相手が必要なのだ」と語る被害者がいます。そう考えて相手と暮らすことを選ぶなら、モラハラという部分も含めた相手と一緒にいることを、自ら選んだという事実を忘れないでください。他の人が許せないと思うことも、許そうと決めたことを忘れないでください。

モラハラパーソナリティと一緒に居続ける人こそ、自分だけの世界を必ず持って、たくさんの交流を持ち、定期的にカウンセリングを受けることも視野に入れてください。相手のパワーで阻止されようとしても、必ず死守してください。

その後再び、もう無理だと心が悲鳴を上げても、一緒にいることを選んだ自分を責めずに、自分には必要な時間だったのだと考え、次の選択肢を見つめましょう。いつでも選び直すことは可能です。

もし、相手との決別を選ばなかったのならば、心に境界を築くことで、モラハラパーソナリティの相手とは異なる世界を生きてください。同じ空間にいても、心の構造は異なり理解できないものであると思ってください。

相手のモラハラを理解しよう、相手の心理を理解しようと思わずに、自分とは異質で理解できなくて当然、理解しようと思わなくていいのだと思ってください。しょせん被害者には理解できない世界です。理解できたように感じたとしても、それは表面的なものであり、知識として理解したに過ぎません。

尊重してくれない相手と共に居続けることや、「相手はモラハラパーソナリティなのよ、精神的に幼いのよ」と見下しながら相手と共に居続けることは、健全な関係とは言えません。

相手が変わってくれるのではないかという思いが断ち切れないのであれば、変わらない場合の「明日」の準備をしながら、相手が変わろうが変わるまいが、その人と共に生活していく意味があるかどうか、その人と手をつないでいたい何かがあるかどうかをしっかり見つめます。

相手がモラハラパーソナリティであっても、これがあるから、共にいるのだという「これ」をしっかり見つけてください。そうすれば、少しは健全さを維持できるでしょう。

その際、自分がモラハラという攻撃にさらされ続けているということもしっかりと意識し、相手の変化よりも自分の心の機微に目を向けるようにしてください。

そして、いつでも離れられるけれどそこにいる、という状態に自分を持っていくように努めてください。

変わらない場合の「明日」の準備や、自分の心の機微に目を向ける習慣、いつでも離れられるという準備と意識は、実際にパートナーとの生活から離れる離れないにかかわらず、必ず役に立つし、自信の源になります。

8 子どもや周囲とのかかわり方

子どもとモラハラパーソナリティの親との面会について

被害者が離婚問題と向き合う（調停や裁判）時、悩まされ、追いつめられる問題に、モラハラパーソナリティの親と我が子との面会交渉の取り決めがあります。

これは、相手にとって、あなたを攻撃するための都合のよい材料となります。

被害者は、離婚によって、子どもから一方の親を奪ってしまうことを悩みながらも、モラハラパーソナリティの親がいずれ子どもにもモラハラをするのではないかと恐れ、子どもとモラハラパーソナリティの親を完全に引き離したいと考える場合があります。

子どもから一方の親を奪うのではないかと悩む被害者に、私は、離婚ごときで親子の縁は切れないし、切ってしまうと思うこと自体が間違いであると伝えてきました。

モラハラパーソナリティの親と子の関係を切りたいと切望している被害者であるあなたにとっては、聞きたくない言葉でしょう。しかし、夫婦は他人になっても、親子は親子です。

子どもと離れて暮らす親が、子どもにかかわることをやめてしまうか、子ども自身が、自分の意思で親から離れていくことはあります。しかし離婚を決めた側が、自分がその親子関係を切ってしまう、切ることができると考えること自体、間違いです。

無理に切ろうとすれば、子どもの心は離れた親に近づいていくでしょう。親の方も同じです。特に、モラハラパーソナリティは、被害者の思い通りに事を運ばせてなるものかといった意地で、子どもに執着を見せたりします。

被害者が、モラハラパーソナリティの親に子どもを二度と会わせたくないと強く思い、面会交渉を持たせないよう主張するあまり、離婚成立までの期間が長引いたケースを、カウンセラーとしてたくさん見てきました。3年、4年かかってもいまだに解決していない例もあります。

モラハラパーソナリティの親に、大切な子どもを会わせたくないという気持ちはわからないではありません。しかし、現在の日本の法律では、親の権利を奪うことはできません。どんな親であっても、子どもにとっては親です。ましてや、養育費の権利を主張しながら、面会交渉を拒否することはできません。

モラハラパーソナリティの親が子どもに与える影響が怖い、それもよくわかります。

しかし、モラハラが与える子どもへの影響で最も怖いのは、被害者である親が、被害者としての心理状態にはまり、子どもと接する時、自分らしく接することができないことです。

日々、モラハラパーソナリティの顔色をうかがい、モラハラパーソナリティの価値観に屈し、モラハラパーソナリティに不機嫌になられることを避けるために、子どもを叱り飛ばしたり、モラハラパーソナリティの言うことを絶対的に聞くよう子どもに言い聞かせたりする被害者は少なくありません。

被害者が自分を抹殺して、モラハラパーソナリティに従って子どもに接しているモラハラ家庭は、単親であるのと同じ。この方が、ときおりの面会交渉を認めながら、単親で子育てをするよりもずっと危険です。

離婚して、被害者であることを終わらせようとしているあなたは、これからいくらでも、あなたらしく子どもに接することができます。子どもに影響を与える親は、もう、モラハラパーソナリティの親だけではありません。自分らしいメッセージを子どもに伝え、モラハラパーソナリティの親の悪影響をフォローしていくことができます。

たとえば月1回の面会交渉が、調停や裁判で決まったとします。モラハラパーソナリティの親の影響を365日受けてきた子どもに対し、影響を受ける日数を365分の12に減らしてやることができたと考えることができます。

モラハラの世界から子どもと一緒に抜け出ることで、あなたの心を守り、子どもの心を守ることができたのです。自分をほめてください。

「育児は育自」という言葉があります。子どもが育っていくのと同時に、親としての自分も育てられていくといった意味合いの言葉です。

モラハラパーソナリティの親であっても、子どもを見守る義務があり、育てる義務がある。そして、子どもと共に育ちたいと思う権利もあります。その義務と権利を果たし、活かすのは本人次第ですが。

その義務と権利を放棄させることは、たとえ被害者であってもできません。

あなたは、これからは被害者をやめ、自分らしく生き、自分らしく子どもを守っていくことを重視すること。あなたも子どもと一緒に育っていく。それが大切です。

この先、子どもの環境にはさまざまなものが押し寄せてきます。我が子に悪影響を及ぼすかもしれないすべてのものを子どもの世界から排除することはできません。美しいもの、安全なものばかりに囲まれて過ごすことの方が、この先の人生を生きていくうえで、危うい育ち方のようにも思えます。

大切なのは、親がしっかり子どもに目を向け、サポートをしてあげること。モラハラパーソナリティの親とのかかわりのなかで、子どもが悪影響を受けたら、あるいはモラハラ攻撃を受けたら、あなたはきっと気づき、フォローすることが可能なはずです。

まずは、子どもと自分が安心して暮らせる環境と時間を手に入れましょう。相手から面会交渉権を奪うために無駄な時間を費やし、子どもと安心して暮らせる時間を遅らせてはいけません。

モラハラパーソナリティの相手と親権や面会交渉などで争うと、相手はあなたとの勝ち負けにこだわり、自分が勝ったと思えるまで、とことん攻撃してきます。あなたのイメージ通りに運んだと思えることにはことごとく反発してくるため、話し合いはいっこうにまとまりません。

これだけは譲れないというライン（月1回の面会など）を守ることは必要ですが、相手から権利を奪うことに躍起にならないでください。決着が長引けば長引くほど、あなたの自分らしい人生の再スタートが遅れてしまいます。


モラハラパーソナリティの親と子どもを会わせないことに、あなたが夢中になるのは、子どもを使った復讐に転じてしまっていることにもなります。大切なのは、あなた自身が、少しでも早くモラハラパーソナリティの支配から解き放たれ、あなたらしい生活を始めることなのです。

子どもを使ったモラハラに対して

モラハラパーソナリティの多くは、子どもと面会を続けていることで、いまだに被害者とつながっていると考えています。また、つながりを維持するために、被害者が子どもを連れてくることに固執するモラハラパーソナリティもいます。子どもがモラハラパーソナリティの道具にされるケースがたくさん報告されています。

子どもとの面会の橋渡しを続けていると、モラハラパーソナリティは、被害者がまだ自分の支配下にあるような態度をとります。子どもを送ってきた際に、部屋に上がりこもうとするケースもありました。

モラハラパーソナリティが被害者と切れていないと思っている証拠であり、またモラハラ時代を取り戻そうとしているのです。少しでも愛情があるならば、相手が嫌がることはしないはずですから。

被害者にとって、モラハラパーソナリティとの離婚後の接触は、かなりの負担を強いられることになります。相手とつながっているという意識があるかぎり、被害者の立ち位置から脱することがなかなかできません。相手が突然予定を変更してきたり、面会日でない日に子どもに会わせろと言ってきたりした時に、拒否できずに、相手の言いなりになることもあります。

子どもがある程度の年齢になるまで、橋渡しを引き受けてくれるように、実家の両親（子の祖父母）や、友人・知人に頼むことができるかもしれません。ただ、その人には負担をかけることになります。

面会交流の仲介をしてくれるＮＰＯ団体もあります。相手との連絡調整、面会場所までの子どもの引率、面会時の付き添い等々を有料でやってくれますので、そうしたサービスを使うことも視野に入れてください。

離婚の話し合いの際、料金を誰が負担するのかなども決めておくといいでしょう。

モラハラパーソナリティの相手は、子どもに会うのに無駄なお金を使うのかと言ったり、お前の都合だからお前が払えと言ったりするかもしれませんが、それらの言動にいちいち落ちこむ必要はありません。「ああ、やっぱりこういう人なんだ」と、再確認に役立てればいいでしょう。

自分は相手との結婚生活によって心にダメージを受け、会うと恐怖心が湧き起こり、生活にも支障を来すこと。そのため、そうしたサービスを利用できないなら、面会は子どもが大きくなって自分で行けるようになるまでは無理だが、面会そのものを拒否しているわけではないと、相手に伝えましょう。自宅に相手が来るのは拒否することも伝えておきましょう。

相手が、自分の都合で面会日を急に変更してきたり、「今から会いたいから、子どもを連れてくるように」と要求してきたりした時も、あなたは、それに応える必要はありません。

相手との距離、境界をしっかり守りましょう。

あなたや子どもには、あなたや子どもの時間が流れていることをしっかり示してください。急に変更されても対応できないことを恐れずに伝えましょう。

モラハラパーソナリティの相手を強い口調で責める（抗議する）のは、逆効果です。強い口調で感情的に抗議する状況は、モラハラ世界に引きずりこまれていることにほかなりません。相手とつながっていることを教えているようなものです。

強い口調で抗議した結果、モラハラパーソナリティは、自分のモラハラ世界にさらに引きずりこもうとして、あなたや子どもに威圧的な態度でのぞんでくるでしょう。

あなたは、モラハラパーソナリティの相手と子どもとの面会交渉は許しても、自分が相手と会う必要はありません。離婚して他人になったことをしっかりと自覚し、境界を侵さないかぎり、子どものかかわりを断ち切ったりはしないと、冷静に相手に伝えましょう。

子どもが面会時に受ける影響

被害者が子どもとモラハラパーソナリティの親との面会に際して恐れることのひとつに、相手が自分の存在を子どもの中で高めるため、今一緒に暮らしている親であるあなたのことを中傷するのではないかということがあります。

モラハラパーソナリティは、別居後も、離婚後も、子どもの背後に見え隠れするあなたに勝とうとして、あなたを貶めるようなメッセージを子どもに与えるかもしれません。

それを防ぐには、「子どものことを大切に思っている」という相手の主張を逆手にとって、「子どもが健やかに育つためにも、互いに相手の悪口を子どもに言うのはやめましょう」と約束しておくといいでしょう。

「双方の親が悪口を言い合うのは、子どもにとって良い影響はありません。つい、その時の感情で悪口を言ってしまうこともあるかもしれないけれど、子どものためにもお互いフォローするようにしましょう」と。

この約束は、子どもとの接触時間をあなたとの勝負に使わせないことに、一定の機能を果たしてくれるはずです。

もちろん相手はモラハラパーソナリティですから、どんな約束をしようとも、「自分の方がすごい親だろう」と子どもじみた主張をするために、あなたを貶めるようなことを言うでしょう。

しかし、あなたは相手と暮らしていた時とは違います。

被害者のままのあなたが子どもからそのような報告を受けたなら、子どもの前で怒りや悲しみをあらわにしてしまうかもしれません。そうすると、子どもはあなたのためを思い、また、怒り悲しんでいるあなたを見たくないために、あなたに何も言わなくなってしまいます。

そうなってしまっては、子どもへのモラハラパーソナリティの影響にあなたは気づけず、フォローもできません。

あなたは、どんなことでも言っていいのだと子どもが思えるような態度を心がけてください。被害者を抜け出たあなたなら、きっとそれができるでしょう。

あなたは感情に左右されることを極力抑えて、面会後の子どもの話を穏やかに、冷静に聞いてください。その作業は、あなたが感情をコントロールする訓練にもなります。

子どもは穏やかな親を見ることで、どちらの親が自分にとって安心できる存在であるかを知っていくでしょう。

もちろん、親も人間ですから、感情に負けてしまい、それが態度に出てしまうこともあるでしょう。

その時でも、すでに被害者を脱したあなたなら、フォローができるはずです。

たとえば、あなたの体調が良くなくて、イライラしており、子どもの話をちゃんと聞いてあげられなかったとします。そうした時は、具合が悪いことを子どもに伝え、具合が良くなったら聞くからねと約束をし、それを必ず守ってください。

感情的になりすぎたら、それを素直に認めて、子どもに詫びてください。子どもに、自分が悪いのだと思わせないように配慮しましょう。

子どもと真摯《しんし》に向き合えば、子どもはその態度から多くを学んでいきます。

子どもが面会から帰ってきた時、安心してなんでも話せるように穏やかに受け止め、あなたらしい子どもへの接し方をし、あなたが子どもに伝えたいことを伝え続けていきましょう。それが、モラハラパーソナリティから子どもへの影響を阻止することにつながります。

あなたが、子どもとの時間を大切にし、良質な時間を持っていれば、相手の影響を恐れることはありません。

大切なのは「時間」の長さではありません。働きに出ていて、子どもと接する時間が少なくても気にする必要はありません。あなたと子どもが接する時間の「質」が大切なのです。

被害者心理から解き放たれ、いきいきと暮らしているあなたなら、子どもとの時間の質は、良いものになっているはずです。そのなかで、あなたが子どもに何を伝え、どのように安心感を与えてあげられるかが大切なのです。

モラハラと反抗期の子ども

反抗期の子どもの多くは、親に反発し、憎まれ口を叩きます。黙りこんだり、大きな音を立てて威嚇《いかく》したりする子どももいるでしょう。

そんな時、被害者の多くは、「モラハラパーソナリティの親にそっくり」「モラハラパーソナリティに似てきた」と感じ、「子どもと向き合うのがつらい」と語ります。

「遺伝でしょうか？　やはり親子だから似てきたんでしょうか」との質問も出ます。

いいえ、子どもがモラハラパーソナリティの親に似てきたわけではありません。モラハラパーソナリティが、この時期の子どもに似ているのです。モラハラパーソナリティは、この時代で精神の成長が止まっていると言えばイメージできるでしょうか。

子どもの葛藤処理方法を大人になっても使い続けるのが、モラハラパーソナリティです。

子どもは全能感を持っています。全能感とは、まだ親の庇護を受けなければ生きていけない子どもが、自分の行動には影響力があり、その力で周囲が動いてくれると感じて安心するといった、子ども時代に見られる特徴です。

泣いてミルクをもらう。笑いかけたら笑い返してくれる。こういったやり取りで、周囲は自分のことをちゃんと見てくれており、自分は守られていると感じるのが子どもです。自分の行動に周りが対応して動いてくれるということによって、自信や自尊心を得ていく時期が子ども時代です。まるでその家の王様であるかのようにふるまいます。自分はなんでもできるし、周りがなんでもしてくれる。周りにとって自分は価値があると感じる時期です。その時期は子どもにとって必要なものです。全能感を満たされ、自分は必要で価値がある存在なのだという感覚を持てることは、とても重要なことです。

次の段階では、周りがどこまで自分の言うことを聞いてくれるか、自分はどこまで許されるのか、を試します。「おもちゃ買って！　おもちゃ買って！」とおもちゃのフロアで寝っ転がるなどといった、幼い時期の反抗期がこれにあたります。

この時期に子どもは、叶うことと叶わないことがある、しかし、自分は愛されていないわけではないと感じて育っていきます。子どもが社会性を身につけていく大切な時期です。

成長と共に、自分は全能ではなく、不十分な存在なのだと知る時期がやってきます。等身大の自分を知り、全能ではない自分に直面します。

「全能イメージ」と「等身大の自分」のギャップを目の当たりにし、自分の不十分さを認めていく時期です。そして子どもは、認めた不十分さを補おう、有能であることを目指そうと、より成長していくわけです。

全能ではない自分を知る時期、子どもたちはとても苦しみます。さまざまな葛藤、いらだちに包まれ、のたうち回ります。それが思春期です。全能イメージを捨てたくない思いと、等身大の自分を認めようとする思いが彼らの中で格闘します。

この時期の子どもは、葛藤、イライラモヤモヤした気持ちを、最も身近な存在である親にむき出しにします。その時、モラハラ被害者の親は、加害者の親と子どもの葛藤行動を重ねてしまいがちです。

そして、心の中にひっそりと持っていたモラハラパーソナリティへの「感情の塊」が、噴き出してしまいます。

子どもの反抗期の行動とモラハラパーソナリティの加害行動は非常によく似ています。モラハラパーソナリティは全能感を捨てきれず、それを維持する方法として、ターゲットに選んだ被害者を操作し、モラハラをするわけです。そして、自分の中に積もる葛藤を被害者に丸投げにし、自分の心を助けます。

子どもたちも、自分の中で葛藤する時、親に依存しようとします。もう一度、自分に全能感を味わわせてくれと言わんばかりに、反抗的な態度を繰り返します。しかし、子どもは、成長したいと望んでいますから、自分の行動についてもしっかりと向き合います。「こんなことをしていること自体、子どもだよなあ」「親を傷つけただろうなあ」などと振り返り、それでもついつい親に依存する行為を繰り返しながら、等身大の自分を認め、自分自身を作り上げていく時期に入っていくのです。これは、子どもでも大人でもないモラトリアムな時期と言われています。

子どもの行動と、モラハラ行為は質の異なるものです。子どもたちは成長を目指してもがいています。モラハラパーソナリティは、ないと気づいた全能感を維持するために、モラハラ行為を選んで行うのです。

このようにもがき苦しむ時期は、子どもにはとても大切です。被害者が、子どもの言動にモラハラパーソナリティを重ね、親として客観的にその時期の子どもと向き合えなくなると、いろいろな問題を生み出します。

反抗的な子どもを全面的に否定すれば、子どもの自尊感情が痛めつけられます。子どもを否定し、拒否する被害者は、モラハラパーソナリティにできなかったことを、子どもを身代わりにして、行っていることになります。

また、子どもの言いなりになれば、子どもが自らの力で全能感から遠のくのを妨げます。子どもに、捨てない方が楽だと思わせてしまいます。

我が子がモラハラパーソナリティの親に似ており、相手を見ているようでつらいと感じたあなたは、子どもが相手に似ているのではなく、相手が思春期の子どもに似ているということを思い出してください。そして、子どもが成長をしようとしていること、子どもの明日への力を信じ、応援してあげてください。親として子に、正しいメッセージを伝えられるようになってください。

正しいメッセージは、子どもが自ら成長していくための大切な資源となります。「親であっても、そんなふうに言われると悲しいよ」といった気持ちを、子どもへの情報として伝えてあげるといいでしょう。モラハラパーソナリティとは違い、あなたが提供した情報や資源を、成長したい子どもたちはしっかり使っていくはずです。

第三者の介入

・被害者の親のかかわり方

被害者には、幸せをアピールする時期が必ずあります。つい愚痴ってしまっても、それを必死でフォローします。モラハラパーソナリティのパートナーの良いところを話して、いかに良い人かをアピールするのです。それはまるで自分に言い聞かせるかのようです。

被害者は、数少ない楽しかったエピソードを脳内で膨らませ、そのエピソードを楽しげに親や友人に語って聞かせます。被害者自身、そのエピソードにしがみついているのです。

ちょっとした言葉のニュアンスから何か感じ取った親が、我が子と相手の生活の奇妙さを指摘すると、被害者はその言葉に納得するどころか、逆に怒り、何も話さなくなります。

被害者がすべてを親に話す時、それは精神的に限界にきて身動きできなくなった時、あるいは、自分なりの答えを出せた時です。

親はショックを隠しきれないかもしれません。しかし、親の役割を再認識させられる瞬間でもあります。

親は、早い段階でなんとかしてやりたかったと、思うでしょう。一切相談しなかった我が子に対して、腹立たしささえ湧くかもしれません。

「あの時、幸せだと言ったから信じたのに」と我が子や自分を責める親もいます。被害者の親が、カウンセリングルームに来られることも多くあります。親は、ボロボロになった我が子に唖然とし、気づかなかった自分を責めます。そんなつらい思いをしていたなんて、と。

「幸せでやっていると思ってほしい」「心配かけたくない」と思えば思うほどに、被害者は実家の親には何も言わなくなります。親に対しても「自分は幸せである」「自分の結婚は失敗ではない」といったプライドを維持したいと思ってしまうのです。

そんな時に、親が我が子の相手を非難するような言動をとれば、子どもは、「自分の選んだ相手が親にこれ以上嫌われないようにしなければ」と、守りに入り、最も身近な存在であるはずの親に対して、一切、口をつぐむようになってしまいます。そうなると、親こそが最も我が子のモラハラ状況を知らないということにもなりかねません。

ある被害者は、親にパートナーの愚痴をこぼした時、「そんな相手とは離婚してしまえばいい。いつでも帰ってきていいのよ」と言われました。自分の気持ちが見え始めた被害者には力となる言葉ですが、その時本人は、自分がモラハラという攻撃を受けて心がズタズタになっていることを自覚しておらず、結婚生活をうまく続けたいと思っていたので、これ以上、親に話してはいけないと思ったと言います。

我が子に違和感を抱いても、ただただ話を聞いてあげてください。親として、人生の先輩として何か言ってやりたいと思っても、子どもをたしなめたりせず、また相手の悪口を言ったり擁護したりもせず、ただ、ひたすら聞くことに徹してほしいのです。

答えを出すのは本人です。その答えを自分で見つけ出すために、誰かに話すことは大いに役立つ行為ですが、相手に解決策を求めているとは限りません。自分の中でまとまっていない感情を言葉にすることでまとめようとしていることも多いのです。ただ、聞いてほしい時に、助言や指導をしようとすれば、口を閉ざしてしまいます。

難しいかもしれませんが、我が子を「何かおかしいな」と感じたら、ひたすら聞くことに徹してほしいと思います。

答えは自分の中にあります。それを自分の力で引き出せてこそ、つらい思いの後に、自分らしい生活が持てます。親に解決を委ねてしまうようであれば、それはそれで問題です。

我が子の口から愚痴がこぼれ出た時、たしなめたり、言い聞かせたり、あるいは、同調して一緒になって悪口を言ったりすると、後にやってくる揺れる時期に、被害者の中には、親の影響を受けて自分は間違った選択をしたのではないかと迷ったり、相手と離れた後の空虚感や生じる問題を、「親が別れさせた」からだと親のせいにして逃げる場合があります。せっかく離れたのに、加害者のもとに戻ってしまうケースも出てきます。そうなると、再びモラハラを受けた時、差し迫った事態になっても、もう親にも相談できず、孤立感が増してしまいます。

・周囲のかかわり方

被害者が自分の状況を話す時、親や第三者が必要以上の世話を焼いてしまうと、被害者は自分の心を見つけることができなくなってしまいます。

モラハラという言葉に出合っておらず、自分がその被害者であると思っていない人に、「それはモラハラよ！」と言い切ることは、その人のためにはなりません。

歯がゆく思えても、自分は被害者であると本人が認めていけるように、ゆっくりとヒントを提供していくことが大切です。

被害者は、モラハラの影響で、強く他人に言われたことを拒否できないという癖に囚われています。

「あなたはこうだ」と言われると、「そうなのかもしれない」と、無条件に受け入れてしまいがちです。その後、精神的に混乱を来したりすると、被害者の道を強く示した人に対して、恨む心さえ持つようになります。

自分はモラハラの被害者なのではないかと感じ始めた被害者であっても、周囲に必要以上の助言や指導をされると、それに依存し、自分はどうしたいのかを見いださないまま、その助言と指導に従ってしまいます。

被害者心理に囚われて、いまだ自分を取り戻せていない被害者は、攻撃でなくても強い指示を出されると、その人の言うことに従わなければ普通の生活はできないと思ってしまいます。アドバイスした人は、被害者にとって、モラハラパーソナリティと同じ依存対象でしかありません。

助言や指導をした人は、被害者のその後の生活の面倒をすべて見てくれるわけではありません。強い助言や指導を受けて、それに従った被害者は、いざ自分だけで生活をしていかなければならない状態に至った時、途方に暮れ、最悪の場合は、モラハラパーソナリティのもとに戻ってしまいます。

モラハラであることを教え、モラハラパーソナリティから離れるように「指導した」人は、モラハラパーソナリティのもとへ戻る被害者を見て、裏切られた気持ちになります。被害者として避難したはずなのに、戻っていったのは、やはりその人（被害者）自身に問題があるのだと思いさえします。

そうした他者の思いを読み取る被害者は、再び、自分の心が追いつめられ、誰かに相談したいと思った時、その人には二度と相談できないと考えるのです。

モラハラの怖さを知っている人は、被害者を目の前にした時、早く気づかせたい、忠告したい、と思うかもしれませんが、指導的アドバイスは極力避けてほしいのです。

モラハラパーソナリティから離すことを急げば急ぐほど、相手の心理段階を無視して、指導的になってしまいます。被害者は、その指導的支援に拒絶的になるか、その指導者に依存してしまうか、どちらかの状態に陥りやすくなります。

身体的暴力があり、命の危険がある場合は、緊急措置として指導的アドバイスが必要でしょう。その場合も、自分はどう生きたいのか、自分の人生というキャンパスにどんな絵を描いていきたいのかを本人が見つめていける「自分らしさ」や、自分を信じることができる「自尊心」を取り戻すケアが、非常に重要になります。その過程では、指導的アドバイスは極力排除しなければなりません。

本人が自分で問題を整理し、自分の方向性を自分で決める。自分の意思でその道を進むと思えなければ、被害者を脱したとは言えないからです。

被害者の現状を見て、手をさしのべたいと感じたら、あくまでも決定権は本人にあることを念頭において、ヒントを提供する応援に努めてください。

モラハラ情報は不可欠です。しかし、モラハラ被害からどう脱するかを決めるのはあくまでも本人です。こうすべき、ああすべき、といった指導ではなく、こういう解決策がある、こういう自活の方法があるなど、参考資料を提供すると考えてください。

その時点で、本人が参考資料を理解できずに使わなかったとしても、心の引き出しに入りさえすれば、その資料を後で使うことができます。被害者が興味を持てば、提供された情報や資料を自分の方法で使えます。

モラハラパーソナリティから離れるという方法があることは伝えてかまいません。しかし、それが指導にならない伝え方をすることが大切です。

モラハラの被害者かもしれないと思ったら、まずは、「あなたはその時どう思ったの？　どう感じたの？」と尋ねてみてください。自分の感覚を取り戻すことが、モラハラの被害者には最も大切なことなのです。

・支援者のかかわり方

心理療法やカウンセリングを利用しようと、被害者が専門家を訪れる時、本人にモラハラの被害者であるという自覚がない場合、自分の状態（うつなどの心身症状）を訴えるのみにとどまります。カウンセラーも症状に焦点をあてて判断し、ケアしようとします。その人自身に問題があると捉えて、症状の改善や、その人の持つ問題の解明を目指します。

カウンセラーが重視しているケアの手法によっては、たとえば子どもの頃の経験や本人のパーソナリティに原因があると捉え、その人の内面に介入する場合もあります。

しかし、暴力被害者に必要なのは、本人の問題を追求することではなく、暴力で受けた傷を癒すことです。

モラルハラスメントという暴力は、誰もが被害を受ける可能性があるものです。被害者となるその人に問題があろうがなかろうが、ターゲットになるのです。その人の問題であるかのように見える症状は、暴力を受けてきたことによる影響によるものが大半です。そんな被害者に対し、モラハラパーソナリティから受けた傷を癒すことが最優先事項なのに、本人に問題があるとして、そのことに注目させようとすることは、暴力によって受けた傷を自分のパーソナリティや幼少期の経験が生み出したもの、自分に原因があると思わせてしまいかねません。本人の問題に注目するのは、その傷が癒えてから、本人の希望に従って行えばよいことです。

専門家を訪れた時、「自分はモラハラの被害者かもしれない」と思っている人は、自信がなくても、その思いを必ず伝えてください。頭ごなしにそれを否定するようなら、別の専門家に変えてもいいでしょう。

専門家は、「自分はモラハラという暴力に苦しんでいる」と訴える相手を、疑念を抱かず信じる姿勢で、じっくり時間をかけて「被害状況」を聞いてください。モラハラかもしれないと思ったその背景に、その人をケアするヒントが散りばめられているはずです。

また、矛盾しているようですが、「自分はモラハラの被害者である」という訴えを、鵜呑みにもしないでください。信用しないという意味ではありません。特に、同じ経験をした専門家や支援者が陥りがちなのですが、自分の経験したことと似たようなエピソードが語られると、「間違いない、モラハラだ」と決めつけてしまうことがあります。目に見える傷のないモラルハラスメントの判断の難しい面ですが、被害者が追いつめられた果てに、加害者のような言動をとることもありますし、誰しもモラハラ的な言動をとってしまうことがあるものです。場合によっては、影響力を持つ専門家や支援者の決めつけが、冤罪を生んでしまうことだってありうるのです。

自分の経験と似たようなエピソードが語られても、その背景、特に心理的背景は異なるかもしれません。同じような言動をとること＝モラハラ、ではないのです。

「加害行為」と主張されているものに、加害者の心の構造（問題を解決するための投影、代替行動といった要素）があるかどうかを見極めることが重要です。

聞き取りの際は、決して誘導的にはならず、相手が自然に語るのに任せなければなりません。

しかし、自分も同様の経験がある支援者は、「自分はモラハラの被害者かもしれない」と訴える相手に、モラハラと言えるような要素や、自分と似たようなエピソードを探そうと力が入ってしまいます。被害者に「こんなことがなかったですか？」と尋ねてしまったり、どう言えばモラハラという判定を下すのか想像がつくような態度をとってしまったりします。

被害者を支援しようと活動している人こそ、被害者であるという主張を鵜呑みにしないで、まっさらな頭で相手と向き合う必要があります。そうでないと、自分の経験を活かすどころか邪魔になりかねません。

「自分はモラハラの被害者である」と訴える人の中には、加害者が被害者を装うケースもありますし、相手のモラハラとも言えないようなモラハラ的言動を利用して、離婚することの正当性を得ようとするケースも増えています。

被害者であるのか、加害者であるのかという判断は、目に見える傷がない分、非常に難しいのが現状です。

加害者であってもなくても、被害者であると主張する人の気持ちを尊重し、その主張に対しては意見せず、また誘導もせず、本人の意思でこの先どうするかを決めるための手助けに徹してください。

暴力のない環境づくりを勧め、暴力から切り離された状況で、自分自身の問題に取り組むことの大切さを伝えてください。

相談を受けた者や支援者が重視すべきことは、モラハラかどうかのジャッジではなく、暴力のない環境づくりを目指すことです。相談に来た人が、自分の力で自分の人生を歩いていけるよう応援することです。

経験者が、同じような被害者を助けるということは、とても良いことであり、経験者だからこそ理解してあげられること、伝えられることがたくさんあります。しかし、モラハラかどうかのジャッジを自分の経験だけでしないようにしてください。

ジャッジを求められる場合もあるでしょう。しかし、誰かに「モラハラですよ」と言われて、自分の人生の選択を決めようとするその人の危うさと、ジャッジすることの責任の重さを知っておいてほしいと思います。

モラハラを受けた被害者の心、モラハラをする加害者の心は、言動だけでは計り知れないものであり、専門家に委ねなければならない面や問題がたくさんあることを知っておいてください。

9 傷ついた心の再生に向けて

回復の過程でのしんどさ

自分のパートナーとの関係がモラハラであったと気づいてからの選択は、自分次第です。10人いれば、10通りの選択肢があり、自分らしい選択があるはずです。

自分らしい人生を見つけるためには、何よりも被害者心理から解き放たれることが大切です。そのためには、自分がモラハラという攻撃を受けたことによって、どれだけ心にダメージを受けたかを自覚しなければなりません。

その自覚の段階は、とてもつらい時期でもあります。

これまで必死に無視してきたことが見え始め、感じないように麻痺させていた心に感覚が戻ってくる時期は、特につらいものになります。

加害者から離れた後でも、モラハラ攻撃による影響は、しばらくあなたを苦しめます。加害者から離れたら、すっきりして、目の前がパッと明るくなるのかと思っていたのに、今の方がつらい、と訴える被害者が多いのですが、それは当然なのです。

これまで見ようとしてこなかったものが見えるようになり、感じないように麻痺させていた心が感覚を取り戻したのです。つらい、痛いと感じることができるほどに、自分の心が回復してきている証拠です。

相手と似たような人を見るとドキドキしてうずくまりそうになる。一緒にいる時はそうでもなかったのに、相手からのメールや、調停裁判の書類で、相手の言葉を見ると震えるほど怖いというように、離れてからの方が状態がひどいと訴える人は多いのですが、それは、これまで麻痺させてきた心が、相手と離れ、暴力のない環境に至ったことによって、感じることができるようになったということです。「私はそれだけ相手が不快だったのだ。相手の言動が怖かったのだ」と心が訴え始めたということです。つまり自分が、その時どう感じていたかを知る時でもあるわけです。

たとえば普通の別れを経験した場合、似たような人と出くわして〝ドキッ〟としても、怖いと感じることはまずないでしょう。その〝ドキッ〟も、パニック発作などの〝ドキッ〟とは当然違います。

普通に別れた相手からメールが来ても、気分が悪くなったり、怖くなったり、不安になったりはまずしないでしょう。

しかし、モラハラパーソナリティが相手である場合、今はもう相手の攻撃にさらされることはないとわかっていても、似たような人、似たような状況に出くわすと心が悲鳴を上げるのは、モラハラ生活の渦中、どれだけ苦しかったか、つらかったかということを教えてくれているのです。

その怖さ、不安に悩む必要はありません。感じる心が戻ってきたのだということと、相手から離れた自分は正しかったのだと教えてくれているのですから、大いに自分の選択をほめてあげてください。

回復の過程は、とても大切な時期でもあります。つらいと感じている心にそっと寄り添って、急がずゆっくりと自分を取り戻してください。

モラハラというものについて知った後の危うさ

モラハラを知ったあなたが陥りやすいのが、モラハラについて調べ、知識を得ることに必死になり、自分の時間とエネルギーをその作業に費やしてしまうことです。

これまであなたは、被害者として相手の顔色をうかがい、相手の意図を必死でくみ取り、相手のことだけに気を使う生活をしてきました。そんなあなたが、今度は情報収集にエネルギーを注ぐ。それを、あなたは、自分のために使っている時間であり、エネルギーであると信じています。

人はどのような心理でモラハラをするのか、加害者の心の背景を調べ、相手の生育歴までさかのぼろうとしたり、モラハラの原因を精神病理に求めようとしたりします。

自分が受けてきたものの正体を知りたいという気持ちはあって当然です。しかし、これまで被害者として相手のことに全神経とエネルギーを費やしてきたあなたが、ここでまた、相手のことに全神経とエネルギーを費やしてしまうのです。

モラハラを調べ、そのことについて知ったと思った時、あなたは、相手に対処できる、自分は大丈夫だ、もう傷つかないと思うかもしれません。しかし、そうではありません。あなたは最も危うい状態にいるのです。

あなたはモラハラを知ったことによって、自分が攻撃を受けているということ、そしてその痛みを感じることができるようになりました。しかし、そこに居続ける以上、相手からの攻撃は続きます。あなたが相手から受けるダメージは変わりません。それどころか、痛みを感じるようになった分、その痛みを与えた相手に対して、正当な抗議・正当な罰を与えたいと願うようになります。それも当然です。しかし、何度も繰り返してきたように、モラハラパーソナリティには通用しません。相手の攻撃がエスカレートするばかりです。

モラハラという言葉との出合いは、これまであなたが置かれていた状況に気づかせるためのものです。

「ああ、これだから、私はつらかったのだ。私自身が変わってしまっていたのだ」という自分を発見するためのものです。それを発見した後は、相手がモラハラであることは、もうどうでもよいと思うくらいでちょうどよいのです。これ以上、相手について探求しても、モラハラについて研究しても、自分の時間を無駄遣いしていると思うくらいがちょうどよく、この先、自分はどうしたいのか、自分の人生をどんなふうにしていきたいか、自分自身に注目することが最も重要なのです。

心にできた空洞とのつきあい方

一時的な避難であれ、モラハラパーソナリティの相手との完全な別れ（離婚）であれ、モラハラパーソナリティと離れた後に陥りやすいのが、空虚感です。モラハラパーソナリティから離れたあなたは、一瞬はホッとし、解放感を感じるでしょう。別居の場合は、完全に解き放たれていないという思いを持っていますので、解放感を感じないこともありますが、モラハラパーソナリティから離れた「被害者の心」には、ぽっかりと大きな「空洞」ができます。

モラハラパーソナリティの相手との生活では、全神経を相手への対応を考えることに費やし、毎日が断崖絶壁に立っているような状態だったことでしょう。

「被害者の心」という器は、他に何も入れることができないほど、モラハラパーソナリティとの問題で満杯になっていました。「自分自身」は、それに押しつぶされて、小さく縮こまっていました。

モラハラパーソナリティと離れることで、ひとまずそうした問題が、ゴソッと心から取り除かれます。相手に気を使うことも、相手の顔色をうかがうことも、相手の行動を先読みしなければとピリピリする必要もありません。

相手との問題が取り除かれると、そこには大きな空間・空洞ができることになります。「自分自身」の周りは、急にガランとします。

いっときは広くなったなあと解放感を感じますが、次第に、広すぎて居心地が悪い、なんだか寂しいと感じてきます。それが、モラハラパーソナリティの相手との問題がいきなり取り除かれた時の被害者に起こりやすい心理状態です。

「空の巣症候群」と呼ばれる心理状態があります。子どもが自立してしまい、子育てに懸命だった母親の心にポッカリ空洞ができてしまうことを指しています。寂しくてしかたがない。そんな時、子どもにやってあげてきたように、誰かの世話を焼くことに夢中になったり、犬や猫を我が子のようにかわいがったりする人がたくさんいます。

これに似た状態が被害者にも起こるわけです。

やがてガランとした居心地の悪さと空虚感が怖くなってきます。ポツンとひとり、広々とした空間にいることに、とても不安を感じるのです。

相手と離れることによってできた大きな空間に、これからなんだって入れていける。入れていくものは自分らしいもの、それをゆっくり見つけていけばいいのですが、不安でしかたないあなたは、この空間を少しでも早く埋めたいと思ってしまいます。

あなたは、目の前にあるものを手当たり次第に入れてしまおうとさえします。必要のないもの、危ないものであっても、選ばずにどんどん入れて、空洞を埋めようとするのです。

悩むことに慣れてしまった心は、悩みごとを求めます。心配事で埋まっていた空洞に、また心配事を入れてしまう。できてしまった空洞に、以前そこに入っていたものと似たものを入れようとします。

空虚感は、普通の生活を送る中で一つひとつ埋めていき、取り戻していくことが大切です。

それにはやはり時間が必要ですが、今まで緊張に満ちた生活を送ってきたあなたは、物足りなさに襲われ、空虚感や不安に耐えられなくなってしまうのです。モラハラ被害者であった時の自分の方が、心が安定していたようにさえ思えてきます。

被害者の中には、モラハラパーソナリティのもとへ帰ってしまい、また相手のことで悩み続ける日々を選んでしまう人さえいますが、この空虚感もその一因と言えるでしょう。

「喉元過ぎれば熱さを忘れる」という諺があります。受けていた攻撃を受けなくなると、痛みがどんなものであったか、思い出せなくなります。

被害者は、モラハラに気づくまで、攻撃を攻撃と思わず、心の痛みを無視して生きてきていますので、その生き方に慣れてしまってもいます。

この空虚の時期に、モラハラパーソナリティとの生活よりも今の方がつらいのではないかと思ってしまう被害者は、相手との生活の中のハネムーン期ばかりを思い出すようになります。そんな時に、相手から、戻ってくることを望んでいるかのようなコンタクトがあろうものなら、被害者は飛びついてしまいます。

そして被害者は、やはり自分ひとりでは生きていけないと、これまで以上に思うようになるのです。

また被害者は、空虚感を埋めるために、その時心地よいと思えるものを掴んでしまいがちです。被害者としての心理状態で掴んだものは、被害者としての心が落ち着くものです。本当にその人に必要なものを、避けてしまうこともあります。

長い間被害者で居続けた人は、被害者で居続けることに落ち着きを見いだしてしまいます。

被害者生活の中で、モラハラパーソナリティの相手に決定権を握られ、行動を支配されてきた被害者は、自分で決定し行動することができなくなっています。人の考えを気にしたり、人の助言を吟味することなく採用したりする傾向が強くなっているため、指示的で支配的な人の方が自分を助けてくれているように思ってしまうのです。

その指示が命令的であれば、避けようと思うこともできるでしょう。しかし、「あなたのためを思って言っているのよ」と親切に話す言葉には、危険を感じません。その言葉には、操作性が隠れています。自分の言ったことを受け入れるべきであるという思いがこめられています。被害者心理から抜け出ていない人は、そうした指示に無条件に従ってしまいます。

モラハラパーソナリティの相手から離れた後の空虚感や不安が大きければ大きいほど、あなたは、これだけ大きなものが私の心を占領していたのだ、こんな感覚に襲われるほど、私の心は相手の問題でパンパンに詰まっていたのだ、それがゴソッと抜けたのだから、心がスースーして当然なのだと思ってください。まず、じっくりと空虚感を味わい（のんびりと過ごす）、そこにこれからなんだって入れていけるのだと、焦らずしっかりと自分の明日に目を向けて、自分自身の心の回復に努めてください。

応援してくれる人を求める

相手と完全に離れる、共にいる、どちらの選択に行き着くにせよ、あなたは必ず、相手と距離を取り、自分の人生を取り戻す作業を優先させなければなりません。

被害者心理から抜け出ておらず、自分に自信のないあなたが、ひとりでそれを実行することが難しいのも確かです。

もし、あなたの周りに、あなたにこうするべきああするべきと指示せず、過剰にあなたをほめたたえず、ただただ、あなたを応援してくれて、あなたが考えて起こした行動が失敗しても成功しても、あなたを見る目を変えない人がいたら、それはあなたにとって必要な人です。

こうするべきああするべきと指示することと、自分はこう思うと自分の意見を伝えることとは違います。指示する人は「だから言ったでしょう」と、あなたが失敗しても成功しても言うでしょう。自分の意見を伝える人は、あなたがその意見を採用しなくても怒らず、採用しても自分の手柄にせず、あなたを応援し続けてくれるでしょう。

自分で決めて行動することを応援してくれる人が必要です。

あなたが相手の意見を採用するかどうかはあなた自身が決定することで、自分の意見は参考資料であると思っている人は、決してあなたに指示はしないはずです。あなたが相手の意見に感想や意見を述べても、自分が否定されたとは思わないはずです。

そういう人と、あなたは、大いにかかわっていく必要があります。おそらくモラハラパーソナリティと出会うまでは、そういう人があなたにもいたはずです。いなくても、これから持つことはできます。

あなたが、リラックスでき、自分のことを安心して話せ、自分の思考や決定を見守ってくれる人が必ず見つかります。

あなたが、相手から意見を伝えられた時、自分を否定されているように感じたら、相手にひとつの意見として聞くことを伝えてみてください。その時、相手が自分の意見の採用を強要するようであれば、あなたが持った否定されているという感覚は正しいかもしれません。あなたの意見や感想を尊重してくれるのであれば、あなたは過剰に反応する必要はないでしょう。

あなたに、この先注がれる多くの意見を採用するかどうかは、あなたが決めていいのです。あなたが決めて、生じた結果をあなた自身が引き受けていくことで、あなたはあなたらしさを見つけていくことができるはずです。成功からも失敗からも、必ず何か得ることができる自分の力を信じてください。

「あなたにも改めるべき点があるのではないか」といった一般論的な助言をあなたにしてしまう人もいるでしょう。特に、「あなたのつらさはよくわかる。わかるけれど……」と、良かれと思って理解と同時にその助言が示される時、「やはり自分が悪かったのだ。相手の言うことも一理あるのだ。相手を怒らせたのはやはり自分なのだ」と、被害者心理にはまっているあなたの意識が、モラハラの世界に再び引き戻されてしまいます。

自分がモラハラの被害者であると気づいた人は、そういった言葉が、この先、当たり前のように投げかけられることをある程度覚悟してほしいと思います。

たしかに、改めるべき点のない人はいません。たいていの人が、改めたい点、変えていきたい部分を持っているでしょう。人は、自分の向上を目指すかぎり、改めるべき点を模索し、そこをどう補うか、変えていくかと試しながら自分を成長させていきます。しかし、被害者心理にはまっているあなたが、今するべきことは、普通の関係ではなかったモラハラパーソナリティとの生活の中での改めるべき点を考えないということです。そうしないと、被害者心理からの回復を邪魔するだけです。

「あなたにも改めるべき点がある」という言葉は、相手を殺してしまったなどといった犯罪に手を染めていないかぎり、被害者心理にはまっている被害者に投げかけることは避けなければいけません。そうしたことは、モラルハラスメントというものの存在を知り、そのことによって受けた心の傷の内容をしっかり理解した人でないかぎり、わからないものかもしれません。

このことは、専門家ですら見落とすことがあります。

うつ状態や心理面からくるさまざまな症状に対処する

被害者が自分の考えや生き方を取り戻すためには、まず、精神状態の安定を取り戻す必要があります。

攻撃にさらされると、うつ状態になり、気力がなくなり、不安や焦燥感に襲われて、何も考えられなくなってしまいます。うつ状態になると、セロトニンやノルアドレナリンなどといった脳内の神経伝達物質の働きが悪くなり、そうした症状に見舞われます。頭が痛くて何も考えられなくなったり、花粉症で何もする気がなくなったりした時、頭痛や花粉症の症状を和らげる薬を飲むように、うつ症状を和らげる薬を飲むことも大切です。

精神科・心療内科で受診して、医師の指示に従って薬で症状を改善させ、精神の安定を取り戻しましょう。

風邪をひいたら内科に、虫歯になったら歯科に通うのと同じで、精神的にしんどくなったら専門の病院に行くことは何もおかしいことではありません。

カウンセラーが精神科受診を勧めるケースもあります。薬で脳内の神経伝達物質の調節を補えば、楽に自分の思考にたどり着くことができると考えるからです。

また、精神科の医師がモラルハラスメントに理解がなかったとしても、症状を和らげに行っているのだと考えて、気にしないでください。モラルハラスメント被害の改善は、やはり、カウンセリングの方が適していると考えます。

ただ、カウンセリングにせよ、医師にせよ、離婚の際の弁護士にせよ、相性が大切です。リラックスして自分の状態を話せる専門家を選んでください。どの専門家も、治したり導いたりしてくれる存在ではなく、あなたが本来持っている力を補助する、あなたの道具に過ぎません。

あなたの周りにある使える道具を、大いに活用しましょう。精神科もカウンセリングも、使うのはあなたです。

離婚の話し合いがスムーズにいかない場合に、精神科への通院の事実を、相手に悪用されるのではないかと不安になるかもしれません。精神的に弱い人間には子育てなどできないと、親権を争う際に使われるのではないかと。しかし、モラハラパーソナリティとの生活によって症状が出始めたということを証明してくれるのも、精神科に通ったという事実なのです。

症状を改善し、心の安定を得るためにも、専門機関を大いに利用してください。

注意点としては、薬を飲み始めて楽になったからといって、急に飲むのをやめたりしないことです。薬を徐々に減らして、自分の力で脳内神経伝達物質の調節ができるように持っていくのが薬の治療です。急にやめると、薬で補っていた脳がびっくりしてしまいます。骨折して松葉杖で歩いている人から、いきなり杖を取り上げるのと同じで、薬をやめてしまう前よりも、症状が悪化するおそれもあります。

薬の調節は、必ず医師と相談してください。

自分の感情に気づいて乗り越えていく

・境界を守る

被害者は、モラハラ攻撃を受けて、心身にさまざまな影響を受けると書いてきました。その受けた影響を、被害者はモラハラパーソナリティによる攻撃のせいとは思わずに、自分のせいだと思いこんでいるとも。

攻撃環境から離れないかぎり、その思いこみから解き放たれることは難しいと言えます。離れるということが物理的に無理な場合も、必ず、自分の世界をしっかり持つようにしなければなりません。そして自分の世界で、何よりも自分のことに取り組み、自分を尊重できるようになる必要があります。

物理的に離れられない場合は、ひとりで自分のことに取り組むことは、難しいかもしれません。そんな場合は、カウンセリングなどを利用して、自分の中の自分の思いを浮き彫りにしていくというのもひとつの方法です。モラハラ生活によって刷りこまれたもの、そぎ落とされたもの、本来の自分といったものを浮き彫りにしながら、自分の本当の感情に気づいていきます。そして、自分の心に、しっかりと境界を設けることが大切です。

境界を設けるということは、自分が何を信じ、どんなふうに生きていきたいのか。自分はどんな考えを持っていて、どんな感情を抱いているのかをしっかりと知っていて、それは誰に強要されるものでも、侵されるものでもないということを知っているということです。自分自身を知っているということ、自分を大切に扱えるということです。

自分の境界をしっかり守れて大切に扱うことができる人は、他人の境界も侵しません。

モラハラパーソナリティも、この境界感覚がないと言えますが、彼らの場合、自分は絶対の存在、イメージ通りの自分であるべき存在と思っていて、境界を侵される側ではなく、相手の境界を無視して侵し、人のテリトリー内のものすべてを使おうとするのです。被害者は、このモラハラパーソナリティによって境界を破壊され、侵入された人ということができます。

誰でも、誰かに影響を受けて生きています。しかし、境界がしっかりある人は、その影響を受けるかどうかも自分で選べ、また、自分に害を与えるようなものは拒絶してもいいということを知っています。

しかし、境界が破壊されると、他者が侵入してきても、それを無条件に許してしまいます。破壊された境界を再構築していくためにも、自分を見つめていく作業は不可欠です。

・自分を尊重する

攻撃を受け続け、境界を侵されることによって、自分の心（領域）も、モラハラパーソナリティの相手のものであるかのように扱われてきたあなたは、自尊心が低くなってしまっています。

自尊心を健全に維持できている人は、すぐに人のいいなりにならず、自分の考えや望みに照らし合わせながら相手の意見を評価し、相手の要求に自分はどこまで応えるかを自分で決めていくことができます。自分が受け入れられることと、受け入れられないことを明確にすることができます。

しかし、自尊心の低い人は、相手の意見や要求を自分の中で評価することなく、ほぼ自動的に受け入れてしまいます。

あるいは、自尊心の低さを必死で隠すべく極端に拒絶します。これは、モラハラパーソナリティから離れた後の被害者によく見られます。


自尊心を取り戻していくためには、相手の言動を自分はどう受け止めているか、どう感じているかをはっきりとさせます。それがはっきりとするまでは、相手に反応しないようにします。

自分の捉え方や感情をはっきりさせないまま、相手の言動に自動的に反応することは、自分が後で後悔したり、相手の求めている反応（怒らせたい、屈服させたいなど）をしたりすることになります。相手がそうなるように仕向けた感情を、あなたは自分の感情だと思い、それに従って反応してしまうのです。

自分の感情と、それにそった行動をコントロールできるのは自分自身だけです。自分の心にしっかりと耳を傾けてください。相手の言動に対する〝反応〟ではなく、あなたの感情にそって相手に

〝対応〟するようにしてください。

相手の攻撃が続いていて、なかなか冷静になれないようなら、あなたには、その場から退避する権利があることを忘れないでください。

「お互い、もう少し落ち着いてから話しましょう」「今は少し考えさせてください」と伝え、その場を離れます。それは逃げることではありません。自分を尊重していることです。

相手はその場を離れたあなたを罵倒し、追いかけてきて、あなたを再び、モラハラのやりとりに引き戻そうとするかもしれません。あなたが、今は少し時間がほしいと伝えているにもかかわらず、あなたの腕を掴んで引っ張ったり、あなたのいる部屋のドアを蹴ったりすれば、あなたは怖いと感じるでしょう。その感情を尊重しましょう。

それは行き過ぎた行為であり、暴力です。自分を守りましょう。

・人間関係を恐れない

被害を経験した人の中には、周りのすべてがモラハラ的な人のように思えて、人づきあいが苦手になってしまう人が多くいます。

モラハラ的な言動を、人は誰でもしでかしてしまうことがありますが、被害者はモラハラ攻撃を経験し、モラハラアンテナが立っていますので、八つ当たりや、人がその時の気分でつい放ってしまった言葉にも敏感に反応してしまいます。もちろん、反応した相手には、本物のモラハラパーソナリティもいるかもしれませんが。

すべての人がモラハラパーソナリティのように思えてきて怖い、そんな時は、自分の境界をしっかりと意識し、とりあえず適度な距離を取るようにしてみてください。そしてじっくり観察します。

自分にとって不快で、害があると感じるならば、距離を取り、すべてをスポンジのごとく引き受ける必要はないのだということを思い出してください。あなたが境界を設定しているにもかかわらず、相手が侵入してきて、相手の感情を投げこみ、あなたを刺激しようとしてくるようなら、必要最低限のかかわりを持つだけにすればいいのです。怖がる必要はありません。

相手がモラハラパーソナリティでなければ、境界を越えることはしないはずです。

被害者は特に、モラハラパーソナリティの相手に似た人（見た目や話し方）や、似たようなモラハラ状況に遭遇する時、かつての感覚が甦り、かつての感覚で現在の相手や場を判断してしまいます。

人は経験情報を用いて、目の前の人物や出来事を判断しようとします。第一印象は、そうした経験情報で組み立てられます。被害を経験した人は、似ているというだけで、目の前の人や状況を客観視できなくなり、過去の経験だけで判断してしまいます。

目の前の人が加害者とは別人であり、似たような状況であっても「あの日ではない」ことを意識してください。

被害者は人と親密になることが怖いと感じたり、親密になれないと悩んだりします。また、モラハラ攻撃を受けていた影響で、他者の前でリラックスできないという癖がついています。リラックスして自分を見せたら相手にバカにされるのではないか、呆れられるのではないか、といった強い思いを抱き、他者に心を開けなくなるのです。

安易に人をバカにしたりするのは、バカにする相手側の問題です。誰かをバカにすることで心を安定させようとする人がいることを、あなたは知ったはずです。そのような人を恐れず、また、そのような人が再びあなたの前に現れても、相手の心の問題に巻きこまれないでください。

そして何よりも、世の中、モラハラパーソナリティのような人ばかりではないことを思い出してください。共にいるとリラックスし、自分らしいつきあいができる人は必ずいます。そんな人との出会いを持つためにも、人とのかかわりを恐れないでください。

・怒りに支配されない

モラハラ攻撃を受け、罪悪感をあおられ、怒りを抑えこんできた被害者の多くは、モラハラというものの存在を知った時、激しい怒りと悲しみに襲われます。モラハラパーソナリティと別れた後も、この怒りの感情に支配されてしまう被害者はたくさんいます。

それほどまでに怒っている自分がいるという発見は、モラハラパーソナリティとの暮らしを、自分がいかに苦痛に感じていたかを教えるものでもあります。

怒りは当然の感情です。

しかし、その怒りの感情にいつまでも囚われていると、今度は、その怒りに自分が支配されてしまいます。

怒りは、自分を奮い立たせるような感覚をもたらすため、癖になり、手放しがたくなってしまいます。

怒りは、自分が意識して消火しなければ、いつまでも燃えたがります。怒りに支配されている人は、その怒りの炎が消えそうになると、怒ることのできる対象を探しさえします。怒りたいから怒る、そんな状態に陥ってしまうのです。

怒り続けることによって、自分がエネルギーの塊であるかのような錯覚にも陥ります。しかし、怒り続けることは、大きなエネルギーが必要です。エネルギーを作り出すために、あなたは他のことが見えなくなってしまいます。

いつまでも、怒りに支配され、あなたはあなたらしい人生を踏み出すことができません。

とはいえ、怒りを鎮めるために相手を無理に許そうとしても、それはなかなかできないでしょう。

モラハラという経験を忘れようとしても難しいはずです。無理に許す必要も、忘れようとする必要もありません。

自分の中に大きな怒りが湧き起こっていることを認め、自分が相手に対してそれだけ不快で苦痛だったのだと、かつての自分の感情に気づけたあなたは、「これほどまでの怒りを私にもたらした相手と離れることができた」「これほどまでのエネルギーが、燃え盛るパワーが、私にはあった。このエネルギーを自分のために使おう！」と考えてください。

相手とかかわり続けることは何も生み出しません。その大きな怒りのエネルギーを、あなたらしい人生を生きるためのエネルギーに昇華させましょう。

被害者の中には、モラハラに耐え、時間を無駄にしてきた自分を許せない人もいます。自分に対して怒り続けます。自分を許してあげてください。自分で自分を許してあげないと、あなたは被害者のままで立ち止まってしまい、その時間を本当に無駄なものにしてしまいます。

・傷つけられることに過剰に反応しない

生きていれば、人とのかかわりが必ずあり、傷つけたり傷つけられたりする場合はあるものです。被害者は、そういう瞬間に敏感になりすぎて、被害者特有の反応をしてしまいます。モラハラ攻撃によって傷ついた心が過剰な反応を引き出すのです。

被害を経験した人は、二度とあのような傷を負わされたくないと、過剰な防衛反応を起こします。相手の言動を吟味しないで、反応的に表出した感情で次の行動を決めてしまいます。

モラハラパーソナリティの相手にしてきたように黙ってすべてを受け止めて、過剰に自分を責めたり、相手の言動に怒り、報復的態度を見せて、自分を正当化しようとしたり、いかに相手がひどいかを証明しようとしたりします。被害者としての感情が反応するのです。

自分が相手の言動のどんな部分になぜ反応したのか、それが見えないと、怒りのゲーム（自罰、もしくは他罰）に没頭してしまいます。

相手の言動に対する判断が、被害者心理に囚われた誤解に基づくものであった場合、相手を驚かせ、傷つける場合もあります。

言い換えれば、モラハラ被害者としての心を目の前の相手に投げこんでしまう、被害者の加害者化状態です。

傷つけられたと感じた時は、まず相手の言動を吟味する必要があります。即座に反応をせず、自分のどういう部分がなぜ揺れているのか、客観的な視点で見つめます。そして、相手の意図するところを見つめます。そうすれば、次にとるべき行動が見えてくるはずです。

自分が不当に扱われている、侮蔑されていると感じたら、感じたことを冷静に相手に伝えます。相手を傷つける意図がないことを相手に示します。

こうした態度は、モラハラ被害に遭う前にはできていたはずのことです。それを思い出してください。

相手の方がさらに傷つけるような言動を放ってくれれば、自分の感覚を信頼し、相手を拒否すればいいのです。

自分の人生を生きたもの勝ち

これまであなたは、モラハラパーソナリティの相手のためだけに生きてきました。その相手がパートナーであれ、親子関係であれ、あなたは相手を怒らせないように、相手が気に入ってくれるようにと、自分を置き去りにして、相手がどう思うか、相手が何を求めているかばかりを考えてきました。そして、自分のことをほったらかしにし、ずっと自分のことを嫌ってきました。自分の人生を、相手に捧げているかのような生活をしてきました。

自分がモラルハラスメントの被害者であったと気づいたあなたは、真っ先に自分自身を守り、見つめるという作業をする必要があります。しかし、その見つめるという作業は、普通の状況に生きる人たちがするような、自分の弱点や欠点をも認めて自分を理解していくという作業とは異なります。そういった作業は、本来の自分を取り戻した時、被害者という状態から離れた時、かつてしていたように、できるようになります。

今、必要なことは、誰に支配されることなく、自分の考えで行動していいのだということ、自分の力を信じること、自分がどんな生き方をしたいと思っているのかを見つけること、自分で考える力を取り戻すことです。

それは、相手と出会う前、被害を受ける前のあなたに戻るという意味ではありません。被害者であった時間を忘れるという意味でもありません。モラハラ被害を受けたという事実は決して消し去ることはできません。それを消し去り、過去の自分に戻ろうとすることは、自分に正直ではないうえに、自分らしさを大切にしているとは言えません。それこそ、モラハラという経験をした時間を無駄にしてしまいます。

被害を受けてきた時間さえも、明日のために使えるものにしていくことが大切であり、その時こそ、被害者を脱することができたと言えるのです。

被害者としての経験を、人生の中の出来事のひとつとして位置づけることができるようになりえた時、その経験の上に新たな明日を作っていくわけですが、それは、なかなかやろうと思ってできるものではありません。

被害者としての時間の中で自分はどう感じてきたのか、その時のつらさや、自分が傷ついてきたことを認めて初めて、被害者としての経験が、人生の中の出来事のひとつとして収まることができるのです。

しかし被害者は、自分で納得のいかないこと、認めてしまうとそこに居続けられないことを心の奥に追いやって忘れようとします。感じないように、気づかないようにすることで心を守ろうとします。そうして追いやったものをまず認めてください。そして、その感覚を二度と味わいたくないと思えた時、正しい自分の守り方が見えてきます。それが、経験の上に新たな自分を作るということです。

相手がなぜそうした行動をとるのか、なぜモラハラパーソナリティになったのかを考えるのではなく（相手が考えるべき問題ですから）、感じているつらさや攻撃から、どう離れるかということを一番に考えます。

モラハラをやめるのか否かを含む相手の問題に、（たとえ同居を選んだとしても）かかわろうとしないでください。相手の問題は相手にしかどうにもできません。ましてや、被害者のあなたが相手にかかわろうとすることは、相手の攻撃を誘発し、依存心を刺激します。まずは、自分のことを考えます。

攻撃のない環境、自分らしい人間関係、普通の生活の中で、かつての自分がそうしてきたように、普通の経験を繰り返し、普通の感覚を取り戻し、一つひとつ自信を獲得していくことで、心が回復していくのです。

攻撃のない環境を得るにはもちろん、物理的に相手から離れ、一切かかわりを断つことが一番ですが、どうしてもそれが無理な場合、攻撃からの回避方法を見つけ、なおかつ、回避する自分に罪悪感を抱かないようにしなければなりません。不快なもの、自分に害を与えるものを回避する権利があなたにはあるのです。

相手の不快な態度を無視するのではなく、相手に食ってかかるのでもなく、自分の心の中で抵抗します。

自分の感情をしっかり認めることは、抵抗のひとつです。言い返せば攻撃が増すだろう、意思表示すれば相手がどんな反応をしてくるか想像できるので我慢しよう、無視しよう、ではなく、自分は今、相手のこういった態度に傷ついている、不快に思っていると認め、その不快な言動から離れることを優先するということです。

モラハラを我慢し、無視する状態（何も感じていないふりをしたり、自分に言い聞かせたりすること）は、身動きの取れない場所で立ち尽くし、攻撃にさらされ続けていることと同じです。不快なものから立ち去ることは人の自然な行動である、自分は立ち去っていいのだ、立ち去る権利があるのだと、心の中で強く思うことが大切です。

それは相手の支配から抜け出るための第一歩です。

あなたのそうした態度に、相手がモラハラで反応してきたら、冷静に、今は相手と話を続けることを避けたいと伝えましょう。

相手があなたの「今は話し合いたくない」という意思を尊重しようとしないこと、あなたが相手の意思に従い、自分の意思を引っこめなければ怖いと感じること自体、普通の関係ではないと認めましょう。相手の態度から、あなたが感じる感情を無視しないこと、被害者として生きてきた時間に行ってきた〝反応〟をやめ、新しい自分らしい〝対応〟を見いだしていくことが大切です。

あなたが自分の意思を伝えた時の相手の反応をしっかり見て、自分はこの先の長い時間を、相手と人生を共にしたいのかどうか、しっかり冷静に考えてください。考えるためには、あなたが自分の権利を自覚し、あなたらしい感覚を取り戻すことが不可欠なのです。

自分自身の感覚や価値観を尊重し、自分の人生を作っていく権利があなたにはあります。

これまで述べてきたように、モラハラは相手の心の問題です。あなたがどんな行動をとっても、相手はモラハラを続けます。あなたの権利を無視し、自分の感情指数であなたにストレスを吐き出す相手と、この先どうするかを決めるのはあなたです。モラハラ問題を相手にわからせ、謝らせることがモラハラに勝つことではありません。あなたがあなたの人生を歩くことこそ、モラハラに勝ったと言えるのです。

自分の人生を生きたもの勝ち、ということです。

おわりに

モラハラかどうかはもうどうでもいいのです

被害者は、ある段階を過ぎると、加害者に対して怒りの感情や、「見返してやる」といった相手への思いに包まれることがあります。これは自然な心の過程であり、この感情は被害者の行動のエネルギー源になることも確かです。しかし、いつまでもそのことに囚われていては、本当の意味での自分の人生は歩けません。

相手を見返すために、この先の人生を歩くということは、いつまでも相手次第の人生を歩いていること、加害者に支配されていることになります。

多くの被害者にとって、モラハラ被害から脱するということは、しっかりと自分の人生を作っていく、自分の意思で自分の明日を切り拓いていくことです。

相手との時間・経験をたやすく忘れることはできません。しかし、相手に向いている視線と意識をそらし、自分の明日に向けることは可能です。

モラルハラスメントという言葉との出合いは、被害者がなかなか理解できなかったつらさの源を発見するためのものです。

モラルハラスメントという言葉に出合い、自分は暴力を受けていたのだと知ったら、次は暴力から逃れ、自分らしい世界へ飛び出しましょう。

ネバーランドを忘れることはできないけれど、そこはもう、自分の生きている世界とはかけ離れた別世界なのだと、パタンと窓を閉め、自分の世界で自分の時間を生き始めたウェンディのように。

自分の世界を生きていくことが、本当の意味での被害からの脱却であり、モラハラ加害者に勝つということです。

懸命に自分の人生を歩いていれば、加害者のことを考える暇もなくなり、小学校時代のクラスメートのように、遠い記憶の中に収められるようになるでしょう。

怒りの感情がなくなりはしなくとも、ふと気がつくと、小さくなっていることに気づくでしょう。


この本を手にとった被害者は、相手はモラハラをする人だったのだ、モラハラとはこういうものなのだ、そして自分はこんな影響を受けているのだといった発見をされたことと思います。

これまでのつらさ、恐怖から逃れ、自分の人生を見つめましょう。

自分の人生というキャンバスに、どんな絵を描きたいのでしょうか。

目の前にいる相手が、そのキャンバスの絵に主要な存在として登場するか否か、あるいは、邪魔しない程度に絵の中に含まれているのか、あるとどうしても絵が変わってしまうので取り除くのか、決めるのはあなたです。

自分はこの先、どう生きたいのか、どんな明日を過ごしたいのか、どうすれば自分らしい幸せを手にすることができるか、そのことを、この本を閉じた時に考えていただきたいと思います。

どんなささいなことでも構いません。思ったことを行動に移してください。この本を読んで感じたことを（加害者以外の）誰かに話しに行く？　自分だけの場所を見つける？　自分の時間を手に入れるために働きに行く？　情報を得るために法律相談に行く？　揺れる思いを整理するためにカウンセリングを申し込んでみる？

どんなことでもいいですから、行動してみてください。

ひとつの行動が、次の道につながっていきます。

自分らしい人生を自分自身の手で作っていけるのだと信じてください。

モラハラ問題で悩むことをやめて、行動してください。

この世に生まれてから死ぬまでの人生は誰のものでもない、あなたのものです。それだけは忘れないでください。

最後になりましたが、モラハラ／ＤＶは暴力であり、人権侵害であることは無視できません。

この本は、あくまでも被害者の再生のためのものであり、「モラハラかどうかはどうでもいい」という言葉は、被害者に向けて書いていることをお断りしておきます。

また、私は主に女性を対象にしたカウンセリンググルームを運営していますので、事例などは女性を中心に本を構成していますが、被害者にはたくさんの男性がいることも確かです。

この本の執筆をするにあたり、迷っている私に励ましの言葉をかけ続けてくれた友人・知人、そして執筆を知り「待っています」「楽しみにしています」と言ってくださった私のクライアントさんたち、未熟な原稿に目を通していただき文章指導をしてくださった編集者、企画が持ち上がってから1年半という年月を気長に待ってくださり、一冊の本に仕上げてくださった晶文社に心から感謝申し上げます。

無事、書き上げることができたのも、多くの方々が励まし続けてくださったおかげです。

この本が、ひとりでも多く、この本を必要としてくださる方のもとに届き、少しでもお役に立てれば、このうえない喜びです。

２０１２年６月20日

谷本恵美

谷本恵美（たにもと・えみ）
心理カウンセラー。産業カウンセラー協会認定・登録カウンセラー。1991年設立の女性のためのカウンセリングルーム「おーぷんざはーと」（大阪）主宰。得意分野は女性・子育て・家族問題。スクールカウンセラーとしても活躍。モラハラ／DVが原因とされる殺人事件に、カウンセラーとして鑑定・意見書を提出し、執行猶予付き判決を導くなど、モラハラ被害者支援、モラハラ理解を深める活動に携わり続けている。共著に『Q＆Aモラル・ハラスメント』（明石書店）がある。
http://www.othpage.com/

カウンセラーが語《かた》る モラルハラスメント

人生を自分の手に取りもどすためにできること

2012年8月10日 初版
2013年3月 1 日 2刷

著 者 谷本恵美《たにもとえみ》
発行者 株式会社 晶文社
東京都千代田区神田神保町 1-11
電話（03）3518-4940（代表）・4942（編集）
URL: http://www.shobunsha.co.jp
装丁 柳本あかね
組版 佐川敏章
印刷・製本 中央精版印刷株式会社

ISBN978-4-7949-6782-4 Printed in Japan